金陵全書
丁編·文獻類

抱朴子（一）

（晋）葛洪 撰

南京出版社
南京出版傳媒集團

圖書在版編目（CIP）數據

抱朴子 /（晋）葛洪撰. -- 南京：南京出版社，2021.4

（金陵全書）

ISBN 978-7-5533-3194-2

Ⅰ. ①抱… Ⅱ. ①葛… Ⅲ. ①古典哲學－中國－東晋時代 Ⅳ. ①B235.7

中國版本圖書館CIP數據核字（2021）第033562號

書　　名　【金陵全書】（丁編・文獻類）
　　　　　抱朴子
作　　者　（晋）葛洪
出版發行　南京出版傳媒集團
　　　　　南 京 出 版 社
　　　　　社址：南京市太平門街53號　　郵編：210016
　　　　　網址：http://www.njcbs.cn　　電子信箱：njcbs1988@163.com
　　　　　聯系電話：025-83283893、83283864（營銷）　025-83112257（編務）

出 版 人　項曉寧
出 品 人　盧海鳴
責任編輯　嚴行健
裝幀設計　楊曉崗
責任印製　楊福彬

製　　版　南京新華豐製版有限公司
印　　刷　南京凱德印刷有限公司
開　　本　889毫米×1194毫米　1/16
印　　張　64
版　　次　2021年4月第1版
印　　次　2021年4月第1次印刷
書　　號　ISBN 978-7-5533-3194-2
定　　價　1600.00元（全二册）

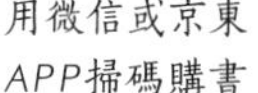

用微信或京東
APP掃碼購書

用淘寶APP
掃碼購書

總序

南京，古稱金陵，中國著名的四大古都之一，是國務院首批公佈的國家歷史文化名城。

南京有着六十萬年的人類活動史，近二千五百年的建城史，約四百五十年的建都史，享有『六朝古都』『十朝都會』的美譽。南京歷史的興衰起伏在某種程度上可以説是中國歷史的一個縮影。在中華民族光輝燦爛的歷史長河中，古聖先賢在南京創造了舉世矚目、富有特色的六朝文化、南唐文化、明文化和民國文化，爲中華民族文化的傳承和發展做出了不朽貢獻。然而，由於時代的遞遷、戰争的破壞以及自然的損毀等原因，歷史上南京的輝煌成就以物質文化形態留存下來的相對較少，見諸文獻典籍的則相對較多。南京文獻内涵廣博，卷帙浩繁，版本複雜。截至一九四九年中華人民共和國成立，南京文獻留存下來的有近萬種，在全國歷史文化名城中名列前茅。以六朝《世説新語》《文心雕龍》《昭明文選》，唐朝《建康實録》，宋朝《景定建康志》《六朝事迹編類》，元朝《至正金陵新志》，明朝《洪武京城圖志》《金陵古今圖考》《客座贅語》，清朝《康熙江寧府志》《白下瑣言》，民國《首都計劃》《首都志》《金陵古蹟圖考》等爲代表的南京地方文獻，不僅是南京文化的集中體現，也是中華民族優秀傳統文化的重要組成部分。這些南京文獻，積澱貯存了歷代南京人民的經驗和智慧，翔實地反映了南京地區的社會變遷，是研究南京乃至全國政治、經濟、軍事、文化、外交和民風民俗的重要資料。

歷史上的南京文化輝煌燦爛，各類圖書典籍琳琅滿目。迄今爲止，南京文獻曾經有過三次不同程度的整理。

第一次是距今六百多年前的明朝永樂年間，明朝中央政府在南京組織整理出版了《永樂大典》。《永樂大典》正文二萬二千八百七十七卷，凡例和目録六十卷，分裝成一萬一千零九十五册，總字數約三億七千萬字。書中保存了中國上自先秦、下迄明初的各種典籍資料達七八千種，是中國古代最大的類書。

第二次是民國年間，南京通志館編印了一套《南京文獻》。《南京文獻》每月一期，從一九四七年元月至一九四九年二月共刊行了二十六期，收入南京地方文獻六十七種，包括元明清到民國各個時期的著作，其中收録的部分民國文獻今天已經成爲絶版。

第三次是二〇〇六年以來，南京出版社選取部分南京珍貴文獻，整理出版了一套《南京稀見文獻叢刊》點校本，到二〇二〇年，已經出版了六十九册一百零五種，時代上起六朝，下迄民國，在學術普及方面做出了一定的貢獻。

中華人民共和國成立以來，尤其是改革開放以來，南京的政治、經濟、文化建設飛速發展，但南京文獻的全面系統整理出版工作一直没有得到應有的重視，這與南京這座國家歷史文化名城的地位頗不相稱。據調查，目前有關南京的各類文獻主要保存在南京圖書館、南京市檔案館，以及全國各地的高等院校、科研院所、圖書館、檔案館、博物館，少數流散於民間和國外。一方面，廣大讀者要查閲這些收藏在全國各地的南京文獻殊爲不便；另一方面，許多珍貴的南京文獻隨着歲月的流逝而瀕臨損毁和失傳。南京文獻的存史、資治、教化、育人功能没有得到應有的發揮。

盛世修史（志）。在中華民族和平崛起和大力弘揚民族傳統文化、全力發展民族文化事業的大背景下，在建設『文化南京』的發展思路下，中共南京市委、南京市人民政府於二〇〇九年十二月做出決定，將南京有史以來的地方文獻進行全面系統的匯集、整理和影印出版，輯爲《金陵全書》（以下簡稱《全書》），以更好地搶救和保護鄉邦文獻，傳承民族文化，推動學術研究，促進南京文化建設；同時，也更爲有効地增加南京文獻存世途徑，提昇南京文獻地位，凸顯南京文獻價值。

爲編纂出能够代表當代最高學術水平和科技成就，又經得起時間檢驗的《全書》，我們將編纂工作分成三個階段進行。第一個階段爲調研階段，主要對南京現存文獻的種類、數量、保存現狀以及收藏地點等進行深入細緻的調研，召集專家學者多次進行學術論證和可操作性論證，撰寫出可行性調查報告，爲科學決策提供依據，此項工作主要由中共南京市委宣傳部和南京出版社組織完成。第二個階段爲啓動階段，以二〇〇九年十二月二十四日召開的『《金陵全書》編纂啓動工作會』爲標志，市委主要領導親自到會動員講話，市委宣傳部對《全書》的編纂出版工作作了明確部署。在廣泛徵求專家學者意見的基礎上，確定了《全書》的總體框架設計，確定了將《全書》列爲市委宣傳部每年要實施的重大文化工程，確定了主要參編責任單位和責任人，並分解了任務。第三個階段爲編纂出版階段，主要在全國範圍内進行資料的徵集、遴選和圖書的版式設計、複製、排版及印製工作。

爲了確保《全書》編纂出版工作的順利進行，中共南京市委、南京市人民政府成立了專門的編纂出版組織機構。其中編輯工作領導小組，由中共南京市委、市政府領導以及相關成員單位主要負責人組成；《全書》的編纂出版工作由市委宣傳部總牽頭；學術指導委員會，由蔣贊初、茅家琦、梁白泉等一批全國著名的專家學者組成，負責《全書》的學術審核和把關。

《全書》分爲方志、史料、檔案和文獻四大類。自二〇一〇年起，計劃每年出版四十册左右。鑒於《全書》的整理出版工作難度較大，周期較長，在具體操作中，我們採取了分工協作的方式。市委宣傳部和南京出版社負責《全書》的總體策劃，其中方志部分，主要由南京市地方志編纂委員會辦公室和南京出版傳媒集團·南京出版社共同承擔；史料和文獻部分，主要由南京圖書館承擔；檔案部分，主要由南京市檔案局（館）承擔。《全書》的編輯出版，得到了江蘇省文化廳、江蘇省新聞出版局、江蘇省檔案局（館）、南京大學、南京圖書館、南京市文廣新局、南京市社科聯（社科院）、南京市文聯、金陵圖書館以及各區委宣傳部和地方志辦公室等單位及社會各界的熱情鼓勵和大力支持，尤其是得到了中國國家圖書館和全國各地（包括港臺地區）高等院校、科研院所、圖書館、檔案館、博物館等藏書單位的鼎力相助，在此表示深深的謝意！

我們相信，在中共南京市委、南京市人民政府的長期不懈支持下，在各部門、各單位的積極配合和衆多專家學者的共同努力下，這項功在當代、利在千秋的傳世工程一定能够圓滿完成。

《金陵全書》編輯出版委員會

凡例

一、《金陵全書》（以下簡稱《全書》）收録的南京文獻，分爲方志、史料、檔案和文獻四大類。

二、《全書》按上述四大類分爲甲、乙、丙、丁四編，以不同的封面顔色加以區分；每編酌分細類，原則上以成書時代爲序分爲若幹册，依次編列序號。

三、《全書》收録南京文獻的地域範圍，包括了清代江寧府所轄上元、江寧、句容、溧水、高淳、江浦、六合。

四、《全書》收録的南京文獻，其成書年代的下限爲一九四九年。

五、《全書》收録方志、史料和文獻，盡量選用善本爲底本。《全書》收録的檔案以學術價值和實用價值較高爲原則，一般選用延續時間較長、相對比較完整的檔案全宗。

六、《全書》收録的南京文獻底本如有殘缺、漫漶不清等情況，必要時予以配補、抽换或修描，以保證全書完整清晰；稿本、鈔本、批校本的修改、批注文字等均保留原貌。

七、《全書》收録的南京文獻，每種均撰寫提要，置於該文獻前，以便讀者了解其作者生平、主要内容、學術文化價值、編纂過程、版本源流、底本採用等情况。

八、《全書》所收文獻篇幅較大時，分爲序號相連的若幹册；篇幅較小的文獻，則將數種合編爲一册。

九、《全書》統一版式設計，大部分文獻原大影印；對於少數原版面過大或過小的文獻，適當進行縮小或放大處理，並加以説明。

十、《全書》各册除保留文獻原有頁碼外，均新編頁碼，每册頁碼自爲起訖。

提要

《抱朴子》，《内篇》二十卷，《外篇》五十卷，晋葛洪撰。

葛洪字稚川，自號抱朴子，丹陽句容（今江蘇句容）人。生於西晋武帝太康四年（二八三），卒於東晋哀帝興寧元年（三六三），終年八十一歲。一説卒於東晋康帝建元元年（三四三），終年六十一歲。葛洪以己愚痴粗野，生性遲鈍，且言語真率，不喜嬉鬧，被鄉人稱爲『抱朴之士』，於是便自號『抱朴子』，并以此作爲自己的書名。

葛洪祖父葛系於吴國歷任吏部侍郎、輔吴將軍等職，父葛悌在吴國歷任中護軍、會稽太守，入晋後又任肥鄉令、邵陵太守等職。葛洪爲葛悌第三子，十三歲時父親去世，家道中落，葛洪便參與農務，於耕種之暇發憤苦讀。葛洪從祖葛玄學道得仙，號『葛仙公』。葛玄把煉丹秘術授鄭隱，葛洪又拜鄭隱爲師。後來葛洪又師事南海太守鮑靚。在學仙方面，葛玄、鄭隱和鮑靚是對葛洪影響最大的三位師長。晋惠帝太安二年（三〇三），二十一歲的葛洪受吴興（今浙江湖州）太守、義軍都督顧秘之邀，以將兵都尉身份參與平息張昌叛亂的軍事活動，不久因軍功被授伏波將軍職。此後因八王之亂，葛洪欲到南方避難，其友人廣州刺史嵇含便表請葛洪爲參軍。嵇含遇害後，葛洪在廣州一帶滯留多年，後歸鄉里，禮辟皆不赴。晋元帝司馬睿爲丞相時，任葛洪爲掾，又追念其十多年前平叛之功，賜爵關内侯。晋成帝時，司徒王導召補州主簿，轉司徒掾，遷咨議參軍。葛洪晚年欲煉丹以求長生，得知交趾（今兩廣及越南一帶）産丹砂，便求爲句漏（今廣西北流）令。當率子侄到達廣州時，爲刺史鄧岳所留，於是葛洪就留在廣州的羅浮山煉製金丹，直至去世。

關於《抱朴子》的内容，葛洪《自叙》有簡要説明：『凡著《内篇》二十卷，《外篇》五十卷……其《内篇》言神仙、方藥、鬼怪、變化、養生、延年、禳邪、却禍之事，屬道家；其《外篇》言人間得失、世事臧否，屬儒家。』

《内篇》主要闡述道教修仙思想，圍繞這一主旨，從三個方面展開論述：第一，闡述以『道』（又稱『玄』『一』『玄一』『真一』等）爲主的道教哲學思想，爲養生成仙尋求哲學理論上的支持。第二，論證了神仙實有和仙道可學，以打消學仙者的顧慮。第三，介紹養生學仙的具體方法，使學仙具有一定的可操作性。葛洪認爲服食金丹是成仙的唯一正途，至於行氣、辟穀、房中、服食草木藥物等方法，其效果不過僅能獲得長壽而已。正是由於葛洪特别重視外丹修煉，并介紹了大量的煉丹方術，因此被後人視爲煉製外丹的代表性人物。《内篇》對先秦以來的修仙思想作了全面梳理，使道教神仙信仰理論化、系統化，從而更適合上層社會的需求，因此該書在中國思想史、特别是在中國道教思想史上，成爲一部十分重要的典籍，對中國宗教、科技等各方面都産生過重大影響。

《外篇》主要闡述社會政治、個人修養方面的思想主張。雖然葛洪自認爲《外篇》『屬儒家』，而實際上其思想較爲駁雜，以儒家爲主，兼採道家、法家，甚至還涉及少量道教神仙養生思想，以至於《隋書·經籍志》《新唐書·藝文志》都把《外篇》歸於『雜家』。在社會政治方面，葛洪首先肯定社會是在不斷進步，堅決反對厚古薄今的社會觀，其對鮑敬言『無君論』的批判，是中國思想史上的一大亮點。其次，提倡恩威兩手、德刑并重的治國原則。再次，特别重視教育作用與人才選拔。最後，還嚴厲批判了當時各種不良的社會風氣。在個人修養方面，葛洪特别重視隱士的社會榜樣作用，提倡清净的品格與簡樸的生活，强調個人學習的重要性，提醒人們要出言謹慎等。除此，《外篇》還提出兼收并蓄的學術主張，對部分歷史人物做出了自己的評判，闡述了許多合理的文學創作理論。

《外篇·自叙》比較詳細地記載了葛洪自己的家庭出身、生平經歷、思想主張，這對研究葛洪、認識當時社會都具有重要的史料價值。《内篇》講養生成仙，《外篇》講治國安民，集中地反映出作者以道教養生爲主，以儒學治世爲輔，内外并舉、儒道兼修、仕隱變通的人生追求，這實際上也代表了許多中國傳統文人的人生追求。

除《抱朴子》之外，葛洪的著作還很多，大多已軼失，保留下來的有《抱朴子内篇》二十卷，《抱朴子外篇》五十卷，《神仙傳》十卷，《肘後備急方》八卷。

《内篇》古今已有許多學者做過整理，主要有正統《道藏》本，繼昌、陳其榮的《抱朴子内篇校勘記》、孫星衍平津館校刊本《抱朴子内篇》，羅振玉敦煌石室本《抱朴子殘卷校記》。《外篇》主要有正統《道藏》本，《文溯閣四庫全書》本，孫星衍平津館校刊本《抱朴子外篇》等。

《金陵全書》收録的《抱朴子》以南京圖書館藏明嘉靖四十四年（一五六五）魯藩承訓書院刻本爲底本原大影印出版。

張松輝

抱朴子内篇二十卷外篇五十卷

盧抱經校本袁氏五硯樓藏

晉丹陽葛洪稚川著

前朝葛洪序內篇論神仙修煉符籙劾治諸事，純為道家言；外篇論時政得失人事臧否，多作排偶之辭，而詞旨辨博，饒有名理。盧氏以嘉靖乙丑魯藩務本堂正統十年道藏本諸牌校之，作叔陽湖州訓書院並為刻序，又與程盧氏又從而翻刻之。嚴潤叢書外篇中有家交與尚博篇文有複出者，刪併改定合自序，恰得五十篇之舊。後孫淵如刻入平津館叢書，而權輿是本，並亦祇存趙敷篇內二百七十字（刪內篇末之別旨一篇及）疑此移易，得則亦校正舍大，是其所長也。有袁壽階記云：此從道藏本付刻，字句及分卷吾乃見紅筆，係抱經先生所校本，並所據河東有河間章宗所藏學士諸印。

刻抱朴子叙

粤自聖賢垂訓立言曰經曰傳曰子經以載道傳以翼經子則道之支流讀子書者通可也執不可也畧可也泥不可也韓子醇乎醇老氏玄默荀與楊大醇而小疵下此莊虛列佐申韓刑律管晏機畜是各一道也抱朴子玄門之肯綮也論者以不經擯之過矣夫競功利者迷而不返甘隱苦空者滯而不化抱朴子晉人也其自叙幼

以武功效用於時不受賞歸而論著是書
然則抱朴子豪傑士也彼縱不言神仙其
功名亦可以垂世不言功名其文詞亦可
以垂世所以諄諄者必有所試也編内自
言受九鼎金液二經於鄭君鄭君知江南
將亂負笈入霍山不知所終鄭君非仙抑
何以預知亂乎黄白變化服食之事固吾
儒之所不道然龜鶴長年猨狐多壽物類
尚爾軒黄已先覺矣抱朴之言非誣也以

至外篇備論時政得失人事臧否廣駁由引窮搜遠喻鑿鑿允合於時可以拯弊捄亂施諸行事非若莊列之虛恠申韓之深刻管晏之機畜也推而論之用則可以輔世長民舍則可以全身遠害進則可以坐致王伯隱則可以却老長生視天地為芻狗以古今為逆旅如抱朴子者內精玄學外諳時政漢魏以來無其倫也若泥而論之則千載之下抱朴子含寃多矣況其文

詞恢弘壯麗曠充翁鬱如千尋之桐梓翠干雲霄照乘之明珠光彩射人山嶽不足以壯其勢江河不足以充其氣萬化不足以擬其富瓊玖琳琅不足以比其珎呉粧楚艷不足以比其麗雷電倏忽風雲幻化不足以極其變蓋六朝之文之鼻祖韓子而下歐蘇不足多也今夫館閣薦紳每耽玄竅而操觚士子求工詞論則是編之膾炙者衆矣顧所傳抄寫舛譌乃與兒輩手

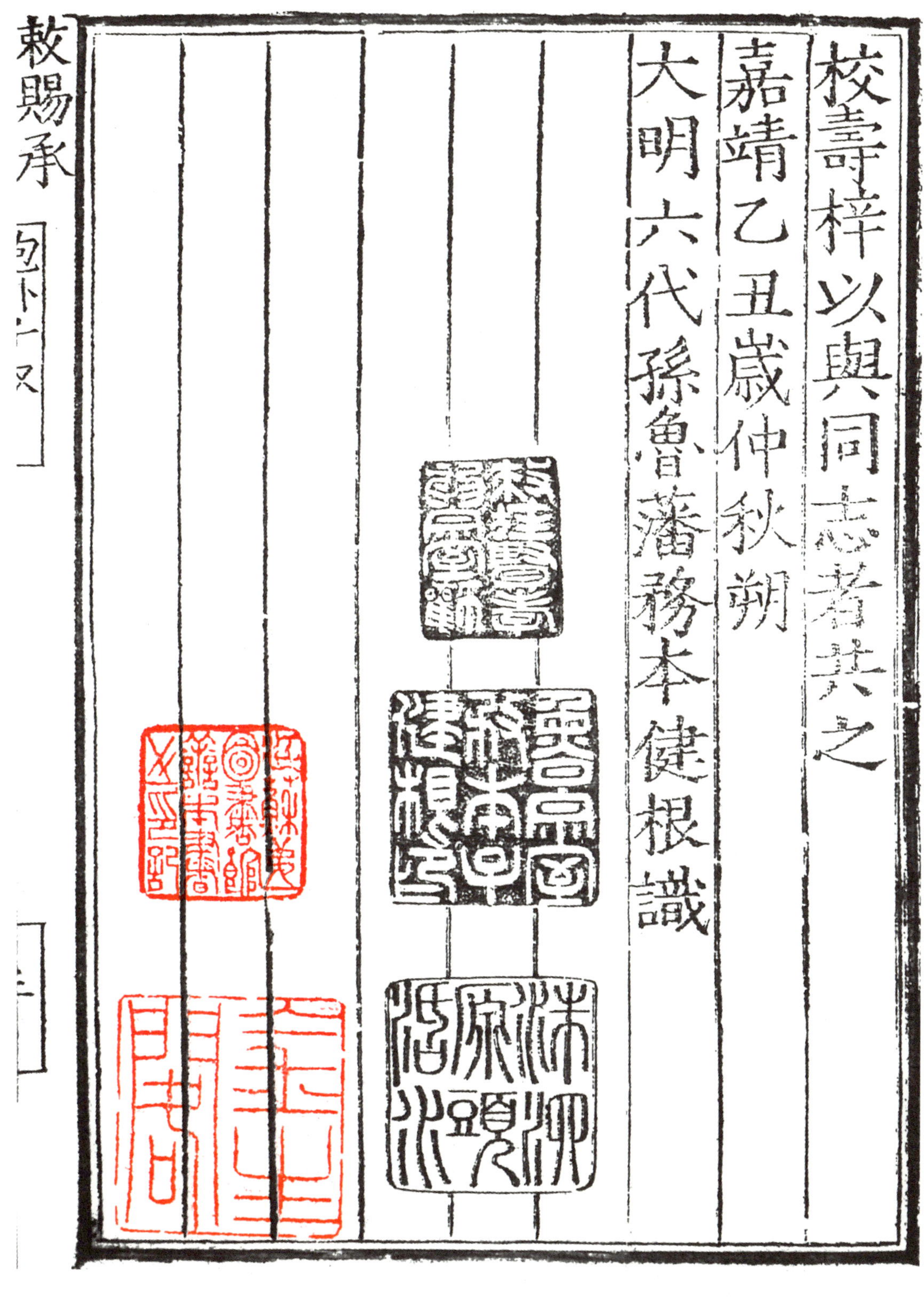

校壽梓以與同志者共之
嘉靖乙丑歲仲秋朔
大明六代孫魯藩務本健根識

訓書院
三

抱朴子序

洪體乏超逸之才偶好無爲之業假令奮翅則能凌厲玄霄騁足則能追風躡景猶故欲戢勁翮於鷦鷯之群藏逸跡於跛驢之伍豈況大塊禀我以尋常之短羽造化假我於至駑之蹇足以自卜者審不能者止豈敢力蒼蠅而慕冲天之舉策跛鼈而追飛兎之軌飾嫫母之陋醜求媒揚之美談推沙礫之賤質索千金於和肆哉夫以僬僥之步而企及夸父之蹤近才所以躓閡也以要離之羸而強赴扛鼎之埶勢或作

秦人所以斷筋也是以望絕於榮華之徒而志安乎窮否之域藜藿有八珍之甘而蓬蓽有藻梲之樂也故權貴之家雖咫尺弗從也知道之士雖艱遠必造也考覽奇書既不少矣率多隱語難可卒解自非至精不能尋究自非篤勤不能悉見也道士淵博洽聞者寡而意斷妄說者衆至於時有好事者欲有所修爲倉卒不知所從而意之所疑又無可諮問今為此書粗舉長生之理其至妙者不得宣之於翰墨蓋麤言較畧以示一隅冀悱憤之徒省之可以思過半矣

豈爲暗塞必能窮微暢遠乎聊論其所先舉耳世儒徒知伏膺周孔桎梏皆死莫信神仙之事謂之妖妄之說見余此書不特大笑之又將謗毀真正故不以合於世余所著子書之數而別爲此一部名曰内篇凡二十卷與外篇各起次第也雖不足以藏名山石室且欲緘之金匱以示識者其不可與言者不令見也貴使來世好長生者有以釋其惑豈求信於不信者乎葛洪稚川謹序

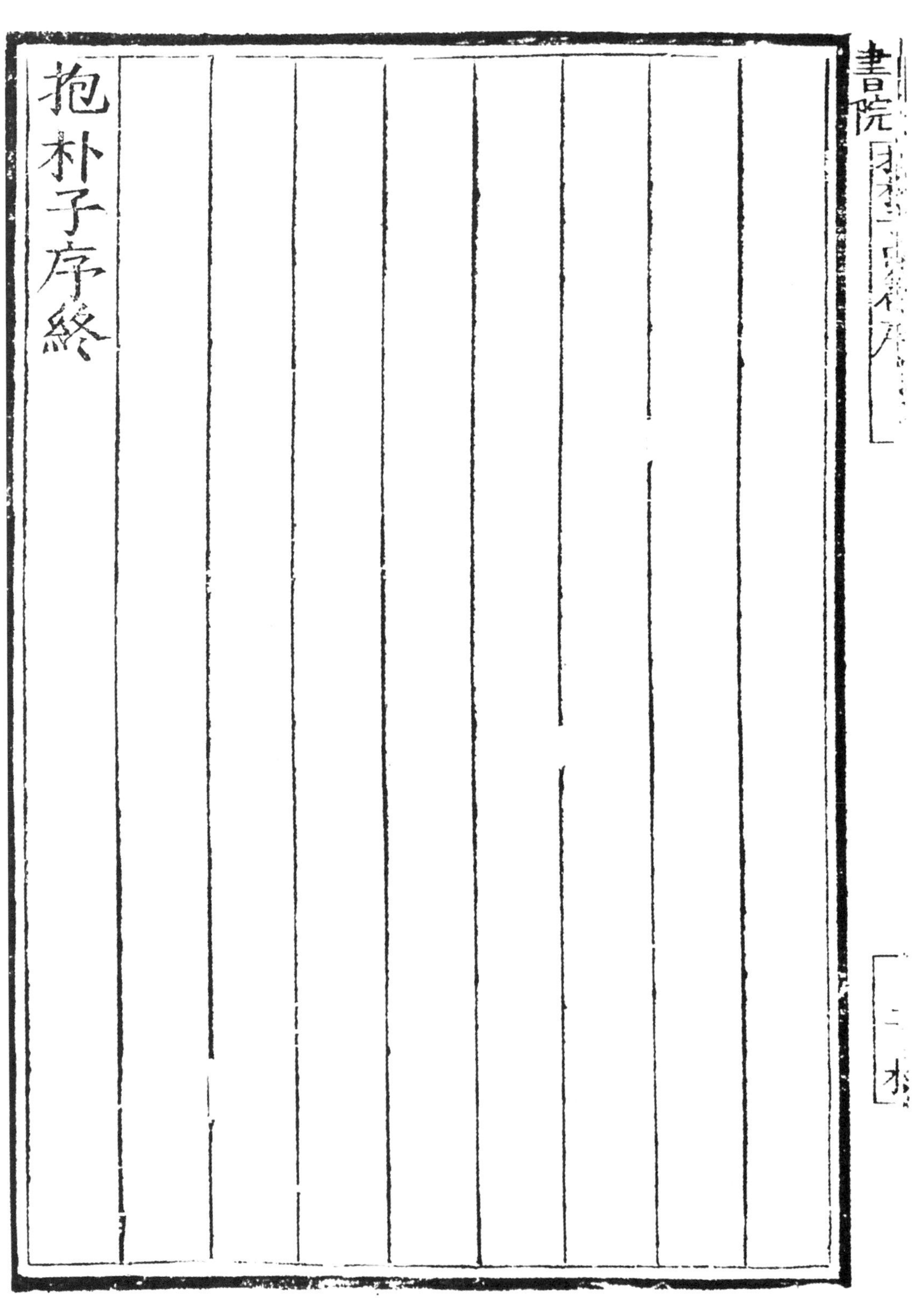
抱朴子序終

抱朴子內篇卷一

晉丹陽葛洪稚川著

暢玄卷第一

抱朴子曰玄者自然之始祖而萬殊之大宗也眇昧乎其深也故能微焉綿邈乎其遠也故稱妙焉其高則冠蓋乎九霄其曠則籠罩乎八隅光乎日月迅乎電馳或倏爍而景逝或飄滭而星流或滉漾於淵澄或雰霏而雲浮因兆類而爲有託潛寂而爲無淪大幽而下沉凌辰極而上遊金石不能比其剛湛露不

能等其柔方而不矩圓而不規來焉莫見往焉莫追乾以之高坤以之卑雲以之行雨以之施胞胎元一範鑄兩儀吐納大始鼓冶億類佪旋四七匠成草昧轡策靈機吹噓四氣幽括冲默舒闡粲尉（一作鬱）抑濁揚清斟酌河渭增之不溢挹之不匱與之不榮奪之不瘁故玄之所在其樂不窮玄之所去器弊神逝夫五聲八音清商流徵損聰者也鮮華艷采彧麗炳爛傷明者也宴安逸豫清醪芳醴亂性者也冶容媚姿鉛華素質伐命者也其唯玄道可與為永不知玄道

者雖顔䏚為殺生之神器脣吻爲興亡之關鍵綺榭俯臨乎雲雨藻室華綠以參差組帳霧合羅幬雲離西毛陳於閑房金觴華以交馳清絃嘈囋以齊唱鄭舞紛繎以蜲蛇哀簫鳴以凌霞羽盖浮於漣漪掇芳華於蘭林之囿弄紅葩於積珠之池登峻則望遠以忘百憂臨深則俯攀以遺朝飢入宴千門之混熀出驅朱輪之華儀然樂極則哀集至盈必有虧故曲終則歎發讌罷則心悲也寔理勢之攸召猶影響之相歸也欺假借而非真故物往若有遺也夫玄道者得

之乎内守之者外用之者神忘之者器此思玄道之要言也得之者貴不待黄鉞之威體之者富不須難得之貨高不可登深不可測乘流光策飛景凌六虛貫涵溶出乎無上入乎無下經乎汗漫之門遊乎窈眇之野逍遥恍惚之中倘佯仿佛之表咽九華於雲端咀六氣於丹霞俳徊茫昧翱翔希微履略蜿虹踐跚旋璣此得之者也其次則真知足知足者則能肥遁勿用頤光山林紆鸞龍之翼於細分之伍養浩然之氣於蓬蓽之中繿縷帶索不以貿龍章之暐曄也

負步杖筴不以易結駟之駱驛也藏夜光於嵩岫不受他山之攻沉鱗甲於玄淵以違鑽灼之災動息知止無往不足棄赫奕之朝華避僨車之險路吟嘯蒼崖之間而萬物化爲塵氛怡顔豐柯之下而朱戶變爲繩樞握耒甫田而麾節忽若執鞭啜菽漱泉而大牢同乎藜藿泰爾有餘歡於無爲之場忻然齊貴賤於不爭之地含醇守樸無欲無憂全眞虛器居平味澹恢恢蕩蕩與渾成等其自然浩浩茫茫與造化鈞其符契如闇如明如濁如清似遲而疾似虧而盈豈

肯委尸祝之坐釋大匠之位越樽俎以代無知之庖
舍繩墨而助傷手之工不以臭鼠之細瑣庸夫之憂
樂藐然不喜流俗之譽恒爾不懼雷同之毀不以外
物汨其至精不以利害汙其純粹也故窮富極貴不
足以誘之焉其餘何足以悅之乎直刃沸鑊不足以
劫之焉謗讟何足以戚之乎常無心於衆煩而未始
與物雜也若夫操隋珠以彈雀舐痔以屬車登朽
緡以探巢泳呂梁以求魚且爲稱孤之客夕爲孤鳥
之餘棟撓餗覆傾溺不振蓋世人之所為載馳企及

而達者之所爲寒心而悽愴者也故至人嘿韶夏而韜藻梲奮其六羽於五域之墟而不煩銜蘆之衛翳其鱗角乎勿用之地而不恃曲穴之備俯無倨鵶之呼仰無亢極之悔人莫之識邈矣遼哉

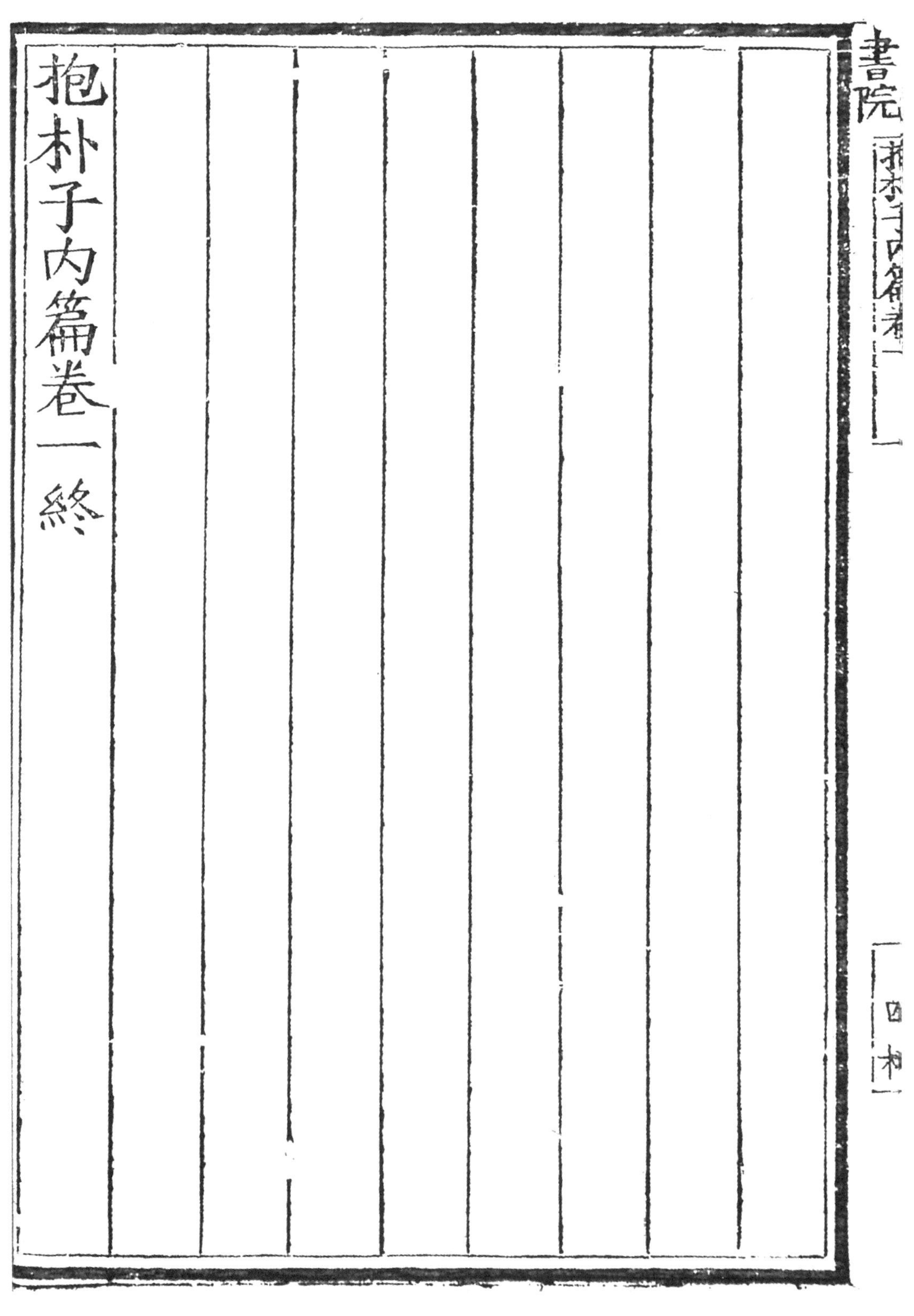

書院

抱朴子内篇卷一

四

抱朴子内篇卷一終

抱朴子內篇卷二

晋丹陽葛洪稚川著

論仙

或問曰神仙不死信可得乎抱朴子荅曰雖有至明而有形者不可畢見焉雖禀極聰而有聲者不可盡聞焉雖有大章豎亥之足而所常履者未若所不履之多雖有禹益齊諧之識而所識者未若所不識之衆也萬物云云何所不有況列仙之人盈乎竹素矣不死之道曷爲無之於是問者大笑曰夫有始者必

有卒有存者必有亡故三五丘旦之聖棄疾良平之智端嬰隨酈之辯賁育五丁之勇而咸死者人理之常然必至之大端也徒聞有先霜而枯瘁當夏而凋青含穗而不秀未實而萎零未聞有享於萬年之壽久視不已之期者矣故古人學不求仙言不語恠杜彼異端守此自然推龜鶴於別類以死生爲朝暮也夫苦心約己以行無益之事鏤冰雕朽終無必成之功未若攄匡世之高策招當年之隆祉使紫青重紆玄牡龍跱華轂易步趍鼎餗代耒耜不亦美哉每思

詩人甫田之刺深惟仲尼皆死之證無爲握無形之風捕難執之影索不可得之物行必不到之路棄榮華而涉苦困釋甚易而攻至難有似喪者之逐游女必有兩失之悔單張之信偏見將速内外之禍也夫班狄不能削瓦石爲芒鍼歐冶不能鑄鉛錫爲干將故不可爲者雖鬼神不能爲也不可成者雖天地不能成也世間亦安得奇方能當老者復少而應死者反生哉而吾子乃欲延蟪蛄之命令有歷紀之壽養朝菌使累晦朔之積吾子不亦謬乎願加九思不遠

迷復焉抱朴子答曰夫聰之所去則震雷不能使之聞明之所棄則三光不能使之見豈輷磕之音細而麗天之景微哉而聾夫謂之無聲焉瞽者謂之無物焉又況絃管之和音山龍之綺粲安能賞克諧之雅韻暐曄之鱗藻哉故聾瞽在乎形器則不信豐隆之與玄象矣而況物有微於此者乎暗昧滯乎心神則不信有周孔於在昔矣況告之以神仙之道乎夫存亡終始誠是大體其異同參差或然或否變化萬品奇怪無方物是事非本鈞末乖未可一也夫言始者

必有終者多矣混而齊之非通理矣謂夏必長而薺麥枯焉謂冬必凋而竹柏茂焉謂始必終而天地無窮焉謂生必死而龜鶴長存焉盛陽宜暑而夏天未必無涼日也極陰宜寒而嚴冬未必無暫溫也百川東注而有北流之浩浩坤道至靜或震動而崩弛水性純冷而有溫谷之湯泉火體宜熾而有蕭丘之寒焰重類應沈而南海有浮石之山輕物當浮而牂牁有沈羽之流萬殊之類不可以一槩斷之正如此也久矣有生最靈莫過乎人貴性之物宜必鈞而其賢

愚邪正好醜脩短清濁貞淫緩急遲速趨捨所尚耳目所欲其為不同已有天性之覺冰炭之乖矣何獨怪仙者之異不與凡人皆死乎若謂受氣皆有一定則雉之為蜃雀之為蛤壤蟲假翼川蛙翻飛水蠣為蛤荇苓為蛆田鼠為鴽腐草為螢鼉之為虎蛇之為龍皆不然乎若為人稟正性不同凡物皇天賦命無有彼此則牛哀成虎楚嫗為黿枝離一作滑錢為柳秦女為石死而更生男女易形老彭之壽殤子之夭其何故哉苟有不同則其異有何限乎若夫仙人以藥物

養身以術數延命使內疾不生外患不入雖久視不死而舊身不改苟有其道無以爲難也而淺識之徒拘俗守常咸曰世間不見仙人便云天下必無此事夫目之所曾見當何足言哉天地之間無外之大其中殊奇豈遽有限詣老戴天而或無知其爲上終身履地而莫識其下形骸已所自有也而莫知其心志之所以然焉壽命在我者也而莫知其脩短之能至焉況乎神仙之遠理道德之幽玄仗其短淺之耳目以斷微妙之有無豈不悲哉設有哲人大才嘉遯勿

用翳景掩藻廢僞去欲執太璞於至醇之中遺末務於流俗之外世人猶尠能甄別或莫造於無名之表得精神於陋形之裏豈况仙人殊趣異路以富貴為不幸以榮華為穢汙以厚玩為塵壤以聲譽為朝露蹈炎飆而不灼躡玄波而輕步鼓翮清塵風駟雲軒仰凌紫極俯棲崑崙行尸之人安得見之假令游戲或經人間匿真隱異外同凡庸比肩接武孰有能覺乎若使皆如郊間兩瞳之正方邛疏之雙耳出乎頭巔馬皇乘龍而行子晉躬御白鶴或鱗身蛇首（或作軀）

或金車羽服乃可得知耳自不若斯則非洞視者安能覿其形非徹聽者安能聞其聲哉世人既不信又多疵毀真人疾之遂益潛遁且常人之所愛乃上士之所憎庸俗之所貴乃至人之所賤也英儒偉器養其浩然者猶不樂見淺薄之人風塵之徒況彼神仙何爲汲汲使芻狗之倫知有之何所索乎而怪於未嘗知也目察百步不能了了而欲以所見爲有所不見爲無則天下之所無者亦必多矣所謂以指測海指極而云水盡者也蜉蝣校巨鼇日及料大椿豈所

能及哉魏文帝窮覽洽聞自呼於物無所不經謂天下無切玉之刀火浣之布及著典論嘗據言此事其閒未朞二物畢至帝乃歎息遽毀斯論事無固必殆為此也陳思王著釋疑論云初謂道術直呼愚民詐偽空言定矣及見武皇帝試閉左慈等令斷穀近一月而顏色不减氣力自若常云可五十年不食正爾復何疑哉又云令甘始以藥含生魚而煑之於沸脂中其無藥者熟而可食其銜藥者遊戲終日如在水中也又以藥粉桑以飼蠶蠶乃到十月不老又以住

年藥食鷄雛及新生犬子皆止不復長以還白藥食白犬百日毛盡黑乃知天下之事不可盡知而以臆斷之不可任也但恨不能絕聲色專心以學長生之道耳彼二曹學則無書不覽才則一代之英然初皆謂無而晚年乃有窮理盡性其歎息如此不逮若人者不信神仙不足怪也劉向博學則究微極妙經深涉遠思理則清澄真偽研覈有無其所撰列仙傳仙人七十有餘誠無其事妄造何為乎邃古之事何可親見皆賴記籍傳聞於往耳列仙傳炳然其必有矣

然書不出周公之門事不經仲尼之手世人終於不信然則古史所記一切皆無何但一事哉俗人貪榮好利汲汲名利以已之心遠忖昔人乃復不信古者有逃帝王之禪授薄卿相之貴任巢許之輩老萊莊周之徒以爲不然也況於神仙又難知於斯亦何可求今世皆信之哉多謂劉向非聖人其所撰録不可孤據尤所以使人歎息者也夫魯史不能與天地合德而仲尼因之以著經子長不能與日月並明而楊雄稱之爲實録劉向爲漢世之名儒賢人其所記述

庸可棄哉凡世人所以不信仙之可學不許命之可延者正以秦皇漢武求之不獲以少君欒太爲之無驗故也然不可以黔婁原憲之貧而謂古者無陶朱猗頓之富不可以無鹽宿瘤之醜而謂在昔無南威西施之美進趨猶有不達者焉稼穡猶有不收者焉商販或有不利者焉用兵或有無功者焉况乎求仙事之難者爲之者何必皆成哉彼二君兩臣自可求而不得或始勤而卒怠或不遭乎明師又何足以定天下之無仙乎夫求長生修至道訣在於志不在於

富貴也苟非其人則高位厚貨乃所以爲重累耳何者學仙之法欲得恬愉淡泊滌除嗜慾內視反聽尸居無心而帝王任天下之重責治鞅掌之政務思勞於萬幾神馳於宇宙一介失所則王道爲虧百姓有過則謂之在予醇醪汨其和氣艷容伐其根荄所以翦精損慮削乎平粹者不可曲盡而備論也蚊噆膚則坐不得安虱群攻則臥不得安四海之事何祗若是安得掩翳聰明歷藏數息長齋久潔躬親爐火夙興夜寐以飛八石哉漢武享國最爲壽考已得養性

之小益矣但以升合之助不供鍾石之費畎澮之輸不給尾閭之泄耳仙法欲靜寂無為忘其形骸而人君撞千石之鍾伐雷霆之鼓砰磕嘈囋驚魂蕩心百枝萬變喪精塞耳飛輕走迅釣潛弋高仙法欲令愛逮蠢蠕不害含氣而人君有赫斯之怒芟夷之誅黃鉞一揮齊斧暫授則伏尸千里流血滂沲斬斷之不絕於市仙法欲止絕臭腥休糧清腸而人君烹肥宰腯屠割群生八珍百和方丈於前煎熬勺藥旨嘉饜飫仙法欲愽愛八荒視人如己而人君兼弱攻昧取

亂推亡闢地拓疆泯人社稷駈合生人投之死地孤魂絶域暴骸腐野五嶺有血刃之師北闕懸大宛之首坑生煞伏動數十萬京觀封尸仰干雲霄暴骸如莾彌山塡谷秦皇使十室之中思亂者九漢武使天下嗷然戶口減半視其有益粗亦有損結草知德則虛祭必怨衆煩攻其膏肓人鬼齊其毒恨彼二主徒有好仙之名而無修道之實所知淺事不能悉行要妙深祕又不得聞又不得有道之士爲合成仙藥以與之不得長生無所怪也吾徒匹夫加之罄困家有

長卿壁立之貧，腹懷翳桑絶粮之餧，冬抱戎夷後門之寒，夏有儒仲環堵之暵，欲經遠而乏舟車之用，欲有營而無代勞之役，入無綺紈之娱，出無遊觀之歡，甘旨不經乎口，玄黄不過乎目，芬芳不歷乎鼻，八音不關乎耳，百憂攻其心曲，衆難萃其門庭，居世如此，可無戀也。或得要道之訣，或值不群之師，而猶恨恨於老妻弱子，眷眷於狐兔之丘，遲遲以臻殂落，日日不覺衰老，知長生之可得，而不能修，患流俗之臭鼠，而不能委，何者？愛習之情卒難遣，而絶俗之志未易果也。況彼二帝，四海之主，其所耽玩者，非一條也。其所親幸者，至不少矣。正使之爲旬月之齋，數日閑居，猶將不能，況乎內棄婉孌之寵，外損赫奕之尊，口斷甘肴，心絶所欲，背榮華而獨往，求神仙之幽漠，豈不尠哉？是以歷覽在昔，得仙道者，多貧賤之士，非勢位之人。又欒大所知，實自淺薄，飢渴榮貴，冒干貨賄，衒虛妄於苟且，忘禍患於無爲，區區小子之奸僞，豈足以證天下之無仙哉？昔句踐軾怒蠅，戎卒争蹈火；楚靈愛細腰，國人多餓死；齊桓嗜異味，易牙蒸其子；宋君賞賚孝毀殁者比屋人主所欲莫有不至漢武招求方士寵待過厚致令斯輩敢爲虚誕耳欒太若審有道者安可待煞乎夫有道者視爵位如湯鑊見印綬如縗絰視金玉如土糞覩華堂如牢獄豈當扼腕空言以侥倖榮華居丹楹之室受不訾之賜帶五利之印尚公主之貴耽淪勢利不知止足實不得道斷可知矣按董仲舒所撰李少君家録云少君有不死之方而家貧無以市其藥物故出於漢以假途求其財道成而去又按漢禁中起居注云少君之將去也

武帝夢與之共登嵩高山半道有使者乘龍持節從雲中下云太一請少君帝覺以語左右曰如我之夢少君將舍我去矣數日而少君稱病死久之帝令人發其棺無尸唯衣冠在焉按仙經云上士舉形昇虛謂之天仙中士遊於名山謂之地仙下士先死後蛻謂之尸解仙今少君必尸解者也近世壺公將費長房去及道士李意期將兩弟子皆在郫縣其家各發棺視之三棺遂有竹杖一枚以丹書於杖此皆尸解者也昔王莽引典墳以飾其邪不可謂儒者皆為篡

盜也相如因鼓琴以竊文君不可謂雅樂主於淫佚也噎死者不可譏神農之播穀燒死者不可怨燧人之鑽火覆溺者不可怒帝軒之造舟酗醟者不可非杜儀之爲酒豈可以欒太之邪僞謂仙道之果無乎是猶見趙高董卓便謂古無伊周霍光見商臣冒頓而云古無伯奇孝己也又神仙集中有召神劾鬼之法又有使人見鬼之術俗人聞之皆謂虛文或云天下無鬼神或云有之亦不可劾召或云見鬼者在男爲覡在女爲巫當須自然非可學而得按漢書及太

史公記皆云齊人少翁武帝以爲文成將軍武帝所幸李夫人死少翁能令武帝見之如生人狀又令武帝見竈神此史籍之明文也夫方術既令鬼見其形又令本不見鬼者見鬼推此而言其餘亦何所不有也鬼神數爲民間作光怪變異又經典所載多鬼神之據俗人尚不信天下之有神鬼況乎仙人居高處遠清濁異流登遐遂往不返於世非得道者安能見聞而儒墨之家知此不可以訓故終不言其有焉俗人之不信不亦宜乎惟有識眞者校練衆方得其徵

驗審其必有可獨知之耳不可強也故不見鬼神不
見仙人不可謂世間無仙人也人有賢愚皆知己身
之有魂魄魂魄分去則人病盡去則人死故分去則
術家有拘録之法盡去則禮典有招呼之義此之為
物至近者也然與人俱生至乎終身莫或有自聞見
之者也豈可遂以不聞見之又云無之乎若夫輔氏
報施之鬼成湯怒齊之靈申生交言於狐子杜伯報
恨於周宣彭生託形於玄豕如意假貌於蒼狗灌夫
守田蚡子義掊燕簡蓐收之降于莘欒侯之止民家

素姜之説讖緯孝孫之著文章神君言於上臨羅陽仕於吳朝鬼神之事著於竹帛昭昭如此不可勝數然而蔽者猶謂無之況長生之事世所希聞乎望使必信是令蚊虻負山與井蟆論海也俗人未嘗見龍麟鸞鳳乃謂天下無有此物以爲古人虛設瑞應欲令人主自勉不息冀致斯珍也況於今人之信有仙人乎世人以劉向作金不成便謂索隱行怪好傳虛無所撰列仙皆復妄作悲夫此所謂以分寸之瑕棄盈尺之夜光以蟻鼻之缺捐無價之淳鈞非荊和之

遠識風胡之賞眞也斯朱公所以鬱悒薛燭所以永歎矣夫作金皆在神仙集中淮南王抄出以作鴻寶枕中書雖有其文然皆祕其要文必須口訣臨文指解然後可爲耳其所用藥復多改其本名不可按之便用也劉向父德治淮南王獄中所得此書非爲師授也向本不解道術偶偏見此書便謂其意盡在紙上是以作金不成耳至於撰列仙傳自删秦大夫阮倉書中出之或所親見然後記之非妄言也狂夫童謠聖人所擇芻蕘之言或不可遺採非無以下體豈

可以百慮之一失而謂經典之不可用以日月曾蝕之故而謂玄象非大明哉外國作水精椀實是合五種灰以作之今交廣多有得其法而鑄作之者今以此語俗人殊不肯信乃云水精本自然之法玉石之類況於世間幸有自然之金俗人當何信其有可作之理哉愚人乃不信黃丹及胡粉是化鉛所作又不信騾及駏驉（疑驉）是驢馬所生云物各自有種況乎難知之事哉夫所見少則所怪多世之常也信哉此言其事雖天之明而人處覆甑之下焉識至言哉

抱朴子內篇卷三

晉丹陽葛洪稚川著

對俗

或人難曰：人中之有老彭，猶木中之有松柏，稟之自然，何可學得乎？抱朴子曰：夫陶冶造化，莫靈於人，故達其淺者則能役用萬物，得其深者則能長生久視。知上藥之延年，故服其藥以求仙；知龜鶴之遐壽，故効其道引以增年。且夫松柏枝葉與衆木則別，龜鶴體貌與衆蟲則殊，至於彭老猶是人耳，非異類而壽獨長者由於得道非自然也衆木不能法松柏諸蟲不能學龜鶴是以短折耳人有明哲能修彭老之道則可與之同功矣若謂世無仙人乎然前哲所記近將千人皆有姓字及有施爲本末非虚言也若謂彼皆特禀異氣然其相傳皆有師奉服食非生知也若道術不可學得則變易形貌吞刀吐火坐在立亡興雲起霧召致蟲蛇合聚魚鼈三十六石立化爲水消玉爲粘漬金爲漿入淵不沾蹴刃不傷幻化之事九百有餘按而行之無不皆効何爲獨不肯信仙之可

得乎仙道遲成多所禁忌自無超世之志強力之才不能守之守之其或頗好心疑中道而廢便謂仙道長生果不可得耳仙經曰服丹守一與天相畢還精胎息延壽無極此皆至道要言也民間君子猶內不負心外不愧影上不欺天下不食言豈況古之真人寧當虛造空文以必不可得之事誑誤將來何所索乎苟無其命終不肯信亦安可強令信哉或難曰龜鶴長壽蓋世間之空言耳誰與二物終始相隨而得知之也抱朴子曰苟得其要則八極之外如在指掌

百代之遠有若同時不必在乎庭宇之左右俟乎瞻視之所及然後知之也玉策記曰千歲之龜五色具焉其額上兩骨起似角解人之言浮於蓮葉之上或在叢蓍之下其上時有白雲蟠蛇千歲之鶴隨時而鳴能登於木其未千載者終不集於樹上也色純白而腦盡成丹如此則見便可知也然物之老者多智率皆深藏遠處故人少有見之耳按玉策記及昌宇經不但此二物之壽也云千歲松樹四邊枝起上杪不長望而視之有如偃蓋其中有物或如青牛或如

青羊或如青犬或如青人皆壽千歲又云蛇有無窮之壽獼猴壽八百歲變爲猨猨壽五百歲變爲玃玃千歲蟾蜍壽三千歲騏驎壽二千歲騰黄之馬吉光之獸皆壽三千歲千歲之鳥萬歲之禽皆人面而鳥身壽亦如其名虎及鹿兔皆壽千歲壽滿五百歲者其毛色白能壽五百歲者則能變化狐狸狸狼皆壽八百歲滿五百歲則善變爲人形鼠壽三百歲滿百歲則色白善憑人而卜名曰仲能知一年中吉凶及千里外事如此比例不可具載但博識者觸物能名

洽聞者理無所惑耳何必常與龜鶴周旋乃可知乎苟不識物則園中草木田池禽獸猶多不知況乎巨異者哉史記龜策傳云江淮間居人為兒時以龜枝床至後老死家人移床而龜故生此亦不減五六十歲也不飲不食如此之久而不死其與凡物不同亦遠矣亦復何疑於千歲哉仙經象龜之息豈不有以乎故太丘長潁川陳仲弓篤論士也撰異聞記云其郡人張廣定者遭亂常避地有一女年四歲不能步涉又不可擔負計棄之固當餓死不欲令其骸骨之

露村口有古大塚上巔先有穿穴乃以器盛縋之下此女於塚中以數月許乾飯及水漿與之而捨去候此平定其間三年廣定乃得還鄉里欲收塚中所棄女骨更殯埋之廣定往視女故坐塚中見其父母猶識之甚喜而父母猶初恐其鬼也入就之乃知其不死問之從何得食女言糧初盡時甚飢見塚角有一物伸頸吞氣試効之轉不復飢日月為之以至於今父母去時所留衣被自在塚中不行往來衣服不敗故不寒凍廣定乃索女所言物乃是一大龜耳女出

食穀初小腹痛嘔逆久許乃習此又足以知龜有不死之法及爲道者効之可與龜同年之驗也史遷與仲弓皆非妄說者也天下之蟲鳥多矣而古人獨舉斯二物者明其獨有異於衆故也覩一隅則可以悟之矣或難曰龜能土蟄鶴能天飛使人為須臾之蟄有頃刻之飛猶尚不能其壽安可學乎抱朴子荅曰蟲之能蟄者多矣鳥之能飛者饒矣而獨舉龜鶴有長生之壽者其所以不死者不由蟄與飛也是以真人但令學其道引以延年法其食氣以絶穀不學其

上蟄與天飛也夫得道者上能竦身於雲霄下能潛泳於川海是以蕭史偕翔鳳以凌虛琴高乘朱鯉於深淵斯其驗也何但須臾之蟄頃刻之飛而已乎龍蛇蛟螭狙猬鼉蟃皆能竟冬不食之時乃肥於食時也莫得其法且夫一致之善者物多勝於人不獨龜鶴也故太昊師蜘蛛而結網金天據九鳸以正時帝軒俟鳳鳴以調律唐堯觀蓂莢以知月終歸知往乾鵲知來魚伯識水旱之氣蜉蝣曉潛泉之地白狼知殷家之興鸑鷟見周家之盛龜鶴偏解導養不足怪

別本顛錯此本後不能盡是接上行

也且仙經長生之道有數百事但有遲速煩要耳不必皆法龜鶴也上士用思遐邈自然玄暢難以愚俗之近情而推神人之遠旨或曰我等不知今人長生之理古人何獨知之此蓋愚暗之局談非達者之用懷也夫占天漢書欒大初見武帝試令鬭碁碁自相觸而後漢書又載魏尚能坐在立亡張楷能興雲起霧皆良史所記信而有徵而此術事皆在神仙之部其非妄作可知矣小記有驗則長生之道何獨不然乎或曰審其神仙可以學致翻然凌霄背俗棄世烝

甞之禮莫之修奉先鬼有知其不餓乎抱朴子曰盖聞身體不傷謂之終孝况得仙道長生久視天地相畢過於受全歸完不亦遠乎果能登虛躡景雲轝霓盖餐朝霞之沆瀣吸玄黄之醇精飲則玉醴金漿食則翠芝朱英居則瑤堂瑰室行則逍遥太清先鬼有知將蒙我榮或可以翼亮五帝或可以監御百靈位可以不求而自致膳可以咀茹華瓊勢可以總攝羅酆威可以叱咤梁柱誠如其道罔識其妙亦無餓之者得道之高莫過伯陽伯陽有子名宗仕魏為將軍

有功封於民干然則今之學仙者自可皆有子弟以承祭祀之事何緣便絶或曰得道之士呼吸之術既備服食之要又該掩耳而聞千里閉目而見將來或委華駟而轡蛟龍或棄神州而宅蓬瀛或遲迴於流俗逍遥於人間不便絶跡以造玄虚其所尚則同其逝止或異何也抱朴子答曰聞之先師云仙人或昇天或住地要於俱長生住留各從其所好耳又服還丹金液之法若且欲留在世間者但服半劑而録其半若後求昇天便盡服之不死之事已定無復奄忽

之處正復且遊地上或入名山亦何所復憂乎彭祖言天上多尊官大神新仙者位卑所奉事者非一但更勞苦故不足役役於登天而止人間八百餘年也又云古之得仙者或身生羽翼變化飛行失人之本更受異形有似雀之為蛤雉之爲蜃非人道也人道當食甘旨服輕暖通陰陽處官秩耳目聰明骨節堅強顏色悅懌老而不衰延年久視出處任意寒溫風濕不能傷鬼神衆精不能犯五兵百毒不能中憂喜毀譽不爲累乃爲貴耳若委棄妻子獨處山澤邈然

斷絶人理塊然與木石爲鄰不足多也昔安期先生龍眉甯公修羊公陰長生皆服金液半劑者也其止世間或近千年然後去耳篤而論之求長生者正惜今日之所欲耳本不汲汲於昇虛以飛騰爲勝於地上也若幸可止家而不死者亦何必求於速登天乎若得仙無復住理者復一事耳彭祖之言爲附人情者也或問曰爲道者當先立功德審然否抱朴子答曰有之按玉鈐經中篇云立功爲上除過次之爲道者以救人危使免禍護人疾病令不枉死爲上功也

欲求仙者要當以忠孝和順仁信爲本若德行不修而但務之玄道覈七政之盈縮論凌犯於既往審崇替於將來仰望雲物之徵祥俯定卦兆之休咎運三棊以定行軍之興亡推九符而得禍福之分野乘除一筭以究鬼神之情狀錯綜六情而處無端之善否其根元可考也形理可求也而庸才近器猶不能開學之奧治至于樸素徒銳思於糟粕不能窮測其精微也夫鑿枘之麤伎而輪扁有不傳之妙掇蜩之薄術而傴僂有入神之巧在乎其人由於至精也况於

神仙之道旨意深遠求其根莖良未易也松喬之徒雖得其効未必測其所以然也況凡人哉其事可學故古人記而垂之以傳識者耳若心解意得則可信而修之其猜疑在胸皆自其命不當詰古人何以獨曉此而我何以獨不知之意耶吾今知仙之可得也吾能休糧不食也吾保流珠之可飛也黄白之可求也若責吾求其本理則亦實復不知矣世人若以思所能得謂之有所不能及則謂之無則天下之事亦尠矣故老子有言以狸頭之治鼠漏以啄木之護齲

齒此亦可以類求者也若蟹之化漆麻之壞酒此不可以理推者也萬殊紛然何可以意極哉設令抱危篤之疾須良藥之救而不肯即服須知神農岐伯所以用此草治此病本意之所由則未免於愚也或曰生死有命脩短素定非彼藥物所能損益夫指既斬而連之不可續也血既灑而吞之無所益也豈況服彼異類之松柏以延短促之年命甚不然也抱朴子曰若夫此論必須同類乃能為益然則既斬之指已灑之血本自一體非為殊族何以既斬之而不可續

已灑之而不中服乎余數見人以蛇銜膏連已斬之指桑豆易雞鴨之足（豆一作虫）異物之益未可誣也若子言不特他物則宜擣肉治骨以為金瘡之藥煎皮熬髮以治禿鬢之疾耶夫水土不與百卉同體而百卉仰之以植焉五穀非生人之類而生人須之以為命焉脂非火種水非魚屬然脂竭則火滅水竭則魚死伐木而寄生枯芟草而兎絲萎川蟹不歸而蛣敗葉樹見斷而蠹殄觸類而長之斯可悟矣金本在九竅則死人為之不朽鹽鹵沾於肌髓則脯腊為之不爛

況於以宜身益命之物納之於己何怪其令人長生乎或難曰神仙方書似是而非將必好事者妄所造作未必出黃老之手經松喬之目也抱朴子曰若如雅論宜不驗也今試其小者莫不效焉余數見人以方諸求水於夕月陽燧引火於朝日隱形以淪於無象易貌以成於異物結巾投地而兔走鍼綴丹帶而蛇行瓜果結實於須臾龍魚瀺灂於盤盂皆如說焉按方術皆不得長生也行惡事大者司命奪紀小過奪筭隨所輕重故所奪有多少也凡人之受命得壽

自有本數數本多者則紀筭難盡而遲死若所禀本少而所犯者多則紀筭速盡而早死又云人欲地仙當立三百善欲天仙立千二百善若有千一百九十九善而忽復中行一惡則盡失前善乃當復更起善數耳故善不在大惡不在小也雖不作惡事而口及所行之事及責求布施之報便復失此一事之善但不盡失耳又云積善事未滿雖服仙藥亦無益也若不服仙藥並行好事雖未便得仙亦可無卒死之禍矣吾更疑彭祖之輩善功未足故不能昇天耳

抱朴子内篇卷四

晋丹陽葛洪稚川著

金丹

抱朴子曰余考覽養性之書鳩集久視之方曾所披涉篇卷以千計矣莫不皆以還丹金液為大要者焉然則此二事蓋仙道之極也服此而不仙則古来無仙矣往者上國喪亂莫不奔播四出余周旋徐豫荊襄江廣數州之間閲見流移俗道士數百人矣或有素聞其名乃在雲日之表者然率相似如一其所知

見深淺有無不足以相傾也雖各有數十卷書亦未能悉解之也爲寫蓄之耳時時有知行氣及斷穀服諸草木藥法所有方書畧爲同文無一人不有道機經唯以此為至祕乃云是尹喜所撰余告之曰此是魏世軍督王圖所撰耳非古人也圖了不知大藥正欲以行氣入室求仙作此道機謂道畢於此此復是誤人之甚者也余問諸道士以神丹金液之事及三皇文召天神地祇之法了無一人知之者其誇誕自譽及欺人云已久壽及言曾與仙人共遊者將太半

矣足以與盡微者甚鮮矣或有頗聞金丹而不謂今世復有得之者皆言唯上古已度仙人乃當曉之或有得方外說不得其真經或得雜碎丹方便謂丹法盡於此也昔左元放於天柱山中精思而神人授之金丹仙經會漢末亂不遑合作而避地來渡江東志欲投名山以修斯道余從祖仙公又從元放受之凡受太清丹經三卷及九鼎丹經一卷金液丹經一卷余師鄭君者則余從祖仙公之弟子也又於從祖受之而家貧無用買藥余親事之灑掃積久乃於馬迹

山中立壇盟受之并諸口訣訣之不書者江東先無此書書出於左元放元放以授余從祖從祖以授鄭君鄭君以授余故他道士了無知者也然余受之已二十餘年矣資無擔石無以為之但有長歎耳有積金盈櫃聚錢如山者復不知有此不死之法就令聞之亦萬無一信如何夫飲玉飴則知漿荇之薄味覩崑崙則覺丘垤之至卑旣覽金丹之道則使人不欲復視小小方書然大藥難卒得辦當須且將御小者以自支持耳然服他藥萬斛為能有小益而終不能

使人遂長生也故老子之訣言云子不得還丹金液虛自苦耳夫五穀猶能活人人得之則生人絶之則死又况於上品之神藥其益人豈不萬倍於五穀耶夫金丹之為物燒之愈久變化愈妙黄金入火百鍊不消埋之畢天不朽服此二藥鍊人身體故能令人不老不死此蓋假求於外物以自堅固有如脂之養火而可不滅銅青塗脚入水不腐此是借銅之勁以扞其肉也金丹入身中沾洽榮衛非但銅青之外傅矣世間多不信至道者則悠悠者皆是耳然萬一時

偶有好事者而復不見此法不值明師無由聞天下之有斯妙事也余今略鈔金丹之都較以示後之同志好之者其勤求之求之不可守淺近之方而謂之足以度世也遂不遇之者直當息意於無窮之冀耳想見其說必自知出潢汙而浮滄海背螢燭而向日月聞雷霆而覺布鼓之陋見巨鯨而知寸介之細也知其嘍嘍無所先入欲以弊藥必規昇騰者何異策蹇驢而追迅風棹籃舟而濟大川乎又諸小餌丹方甚多然作之有深淺故力勢不同雖有優劣轉不相

及猶一酘之酒不可以方九醖之醇耳然小丹之下
者猶自遠勝草木之上者也凡草木燒之即燼而丹
砂燒之成水銀積變又還成丹砂其去凡草亦遠矣
故能令人長生神仙獨見此理矣其去俗人亦何緬
邈之無限乎世人少所識多所恠或不知水銀出於
丹砂告之終不肯信云丹砂本赤物從何得成此白
物又云丹砂是石耳今燒諸石皆成灰而丹砂何得
獨耳此近易之事猶不可喻其聞仙道而大笑之不
亦宜乎上古真人愍念將來之可教者為作方法委

曲欲使其脫死亡之禍耳可謂至言矣然而俗人終不肯信謂為虛文若是虛文者安得九轉九變日數所成皆如方耶真人所以知此者誠不可以庸近思求也余少好方術負步請問不憚險遠毎有異聞則以為喜雖見毀笑不以為戚焉知來者之不如今是以著此以示識者豈苟尚奇怪而崇飾空言欲令書行於世信結流俗哉盛陽不能榮枯朽上智不能移下愚書為曉者傳事為識者貴農夫得彤弓以驅烏南夷得袞衣以負薪夫不知者何可強哉世人飽食

終日復未必能勤儒墨之業治進德之務但共逍遥遨遊以盡年月其所營也非榮則利或飛蒼走黃於中原或留連盃觴以羹沸或以美女荒沉絲竹或耽淪綺紈或控弦以弊筋骨或博弈以棄功夫聞至道之言而如醉覩道論而晝睡有身不修動之死地不肯求問養生之法自欲割削之煎熬之憔悴之漉汔之而有道者自寶秘其所知無求於人亦安肯強行語之乎世人之常言咸以長生若可得者古之聖人之富貴者已當得之而無得之者是無此道也

而不知古之富貴者亦如今之富貴者耳俱不信不求之而皆以目前之所欲者為急亦安能得之耶假令不能决意信命之可延仙之可得亦何惜於試之試之小効但使得二三百歲不猶愈於凡人之少夭乎天下之事萬端而道術尤難明於他事者也何可以中才之心而斷世間必無長生之道哉若正以世人皆不信之便謂為無則世人之智者又何太多乎今若有識道意而猶修求之者詎必便是至愚而皆不及世人耶又或慮於求長生儻其不得恐人笑之

以為暗惑若心所斷萬有一失而天下果自有此不死之道者不亦當復為得之者所笑乎日月有所不能周照人心安足孫信哉抱朴子曰按黃帝九鼎神丹經曰黃帝服之遂以昇仙又云雖呼吸道引及服草木之藥可得延年不免於死也服神丹令人壽無窮已與天地相畢乘雲駕龍上下太清黃帝以傳玄子戒之曰此道至重必以授賢苟非其人雖積玉如山勿以此道告之也受之者以金人金魚投於東流水中以為約唼血為盟無神仙之骨亦不可得見此

道也合丹當於名山之中無人之地結伴不過三人先齋百日沐浴五香致加精潔勿近穢汙及與俗人往来又不令不信道者知之謗毁神藥藥不成矣成則可以舉家皆仙不但一身耳世人不合神丹反信草木之藥草木之藥埋之即腐煑之即爛燒之即焦不能自生何能生人乎九丹者長生之要非凡人所當見聞也萬兆蠢蠢唯知貪富貴而已豈非行尸者乎合時又當祭祭自有圖法一卷也

第一之丹名曰丹華當先作玄黃用雄黄水礬石水

一本作汞戎鹽鹵鹹礬石牡礪赤石脂滑石胡粉各數十斤以爲六一泥封之火之三十六日成服之七日仙又以玄膏丸此丹置猛火上須臾成黃金又以二百四十銖合水銀百斤火之亦成黃金金成者藥成也金不成更封藥而火之日數如前無不成也

第二之丹名曰神丹亦曰神符服之百日仙也行度水火以此丹塗足下步行水上服之三刀圭三尸九蟲皆即消壞百病皆愈也

第三之丹名曰神丹服一刀圭百日仙也以與六畜

吞之亦終不死又能辟五兵服百日仙人玉女山川鬼神皆来侍之見如人形

第四之丹名曰還丹服一刀圭百日仙也朱鳥鳳凰翔覆其上玉女至傍以一刀圭合水銀一斤火之立成黃金以此丹塗錢物用之即日皆還以此丹書凡人目上百鬼走避

第五之丹名餌丹服之三十日仙也鬼神来侍玉女至前

第六之丹名錬丹服之十日仙也又以汞合火之亦

成黃金

第七之丹名柔丹服一刀圭百日仙也以缺盆汁和服之九十老翁亦能有子與金公(即鉛也)合火之即成黃金

第八之丹名伏丹服之即日仙也以此丹如棗核許持之百鬼避之以丹書門戶上萬邪衆精不敢前又辟盜賊虎狼也

第九之丹名寒丹服一刀圭百日仙也仙童仙女來侍飛行輕舉不用羽翼凡此九丹但得一丹便仙不在悉作之作之在人所好者耳凡服九丹欲昇天則

去欲且止人間亦任意皆能出入無間不可得之害矣抱朴子曰復有太清神丹其法出於元君元君者老子之師也太清觀天經有九篇云其上三篇不可教受其中三篇世無足傳當沉之三泉之下下三篇者正是丹經上中下凡三卷也元君者大神仙之人也能調和陰陽役使鬼神風雨驂駕九龍十二白虎天下衆仙皆隸焉猶自言本亦學道服丹之所致也非自然也況凡人乎其經曰上士得道昇為天官中士得道棲集崑崙下士得道長生世間民愚不信謂

為虛言從朝至暮但作求死之事了不求生而天豈能強生之乎凡人唯知美食好衣聲色富貴而已恣心盡欲奄忽終殁之徒慎無以神丹告之令其笑道謗真傳丹經不得其人身必不吉若有篤信者可將合藥成以分之莫輕以其方傳之也知此道者何用王侯為神丹既成不但長生又可以作黃金金成取百斤先設大祭祭自有別法一卷不與九鼎祭同也祭當別稱金各檢署之

禮天二十斤　日月五斤　北斗八斤

太乙八斤　井五斤　竈五斤
河伯十二斤　社五斤

門戸閭鬼神清君合五斤凡八十八斤餘一十二斤以好韋囊盛之良日於都市中市盛之時嘿聲放棄之於多處徑去無復顧凡用百斤外乃得自恣用之耳不先以金祀神必被殃咎又曰長生之道不在祭祀事鬼神也不在道引與屈伸也昇仙之要在神丹也知之不易為之實難也子能作之可長存也近代漢末新野陰君合此太清丹得仙其人本儒生有才

恩善著詩及丹經讚并序述初學道隨師本末列已所知識之得仙者四十餘人甚分明也作此太清丹小為難合於九鼎然是白日昇天上之法也合之當先作華池赤鹽艮雪玄白飛符三五神水乃可起火耳

一轉之丹服之三年得仙

二轉之丹服之二年得仙

三轉之丹服之一年得仙

四轉之丹服之半年得仙

五轉之丹服之百日得仙

六轉之丹服之四十日得仙

七轉之丹服之三十日得仙

八轉之丹服之十日得仙

九轉之丹服之三日得仙

若取九轉之丹内神鼎中夏至之後爆之鼎熱内朱兒一斤於蓋下伏伺之候日精照之須臾翕然俱起煌煌輝輝神光五色即化為還丹取而服之一刀圭即白日昇天又九轉之丹者封塗之於土釜中糠火

先文後武其一轉至九轉遲速各有日數多少以此知之耳其轉數少則用日多其藥力不足故服之用日多得仙遲也其轉數多藥力成故服之用日少而得仙速也又有九光丹與九轉異法大都相似耳作之法當以諸藥合火之以轉五石五石者丹砂雄黃白礬曾青慈石也一石輒五轉而各成五色五石而二十五色各一兩而異器盛之欲起死人未滿三日者取青丹一刀圭和水以浴死人又以一刀圭發其口内死人立生也欲致行厨取黑丹和水以塗左手

其所求如口所道皆自至可致天下萬物也欲隱形及先知未然方來之事及住年不老服黃丹一刀圭即便長生不老矣及坐見千里之外吉凶皆知如在目前也人生宿命盛衰壽夭富貴貧賤皆知之也其法俱在大清經中卷耳抱朴子曰其次有五靈丹經一卷有五法也用丹砂雄黃雌黃石硫黃曾青礬石磁石戎鹽太乙餘粮亦用六一泥及神室祭醮合之三十六日成又用五帝符以五色書之亦令人不死但不及太清及九鼎丹藥耳又有岷山丹法道士張

蓋蹫精思於岷山石室中得此方也其法鼓治黃銅以作方諸以承取月中水以水銀覆之致日精火其中長服之不死又取此丹置雄黃銅燧中覆以汞曝之二十日發而治之以井華水服如小豆百日盲者皆能視之百病者自愈髮白還黑齒落更生又務成子丹法用巴沙汞置八寸銅盤中以土爐盛炭倚三偶墼以枝盤以硫黃水灌之常令如泥百日服之不死又羨門子丹法以酒和丹一斤用酒三升和曝之四十日服之一日則三蟲百病立下服之三年仙

道乃成必有玉女二人来侍之可役使致行厨此丹可以厭百鬼及四方死人殃注害人宅及起土功妨人者懸以向之則無患矣又有立成丹亦有九首似九鼎而不及也其要一本更云取雌黄雄黄燒下其中銅鑄以爲器覆之三歲淳苦酒上百日此器皆生赤乳長數分或有五色琅玕取埋而服之亦令人長生又可以和菟絲菟絲是初生之根其形似菟掘取尅其血以和此丹服之立變化在意所作也又和以朱草一服之能乘虛而行云朱草狀似小棗栽長三

四尺枝葉皆赤莖如珊瑚喜生名山巖石之下刻之汁流如血以玉及八石金銀投其中立便可丸如泥久則成水以金投之名為玉醴服之皆長生又有取伏丹法云天下諸水有名丹者有南陽之丹水之屬也其中皆有丹魚常先夏至十日夜伺之丹魚必浮於水側赤光上照赫然如火也網而取之可得之得之雖多勿盡取也割其血塗足下則可步行水上長居淵中矣又赤松子丹法取千歲蔂汗（一作汁）及礜挑汁淹丹著不津器中練蜜蓋其口埋之入地三尺百

日絞柠木赤實取汁和而服之令人面目鬢髮皆赤長生也昔中黄仙人有赤鬚子者豈非服此乎又石先生丹法取烏鷇之未生毛羽者以真丹和牛肉以吞之至長其毛羽皆赤乃煞之陰乾百日并毛羽擣服一刀圭百日得壽五百歲又康風子丹法用羊烏鶴卵雀血合少室天雄汁和丹内鵠卵中漆之内雲母水中百日化為赤水服一合輒益壽十歲服一升千歲也又崔文子丹法内丹鶩腹中蒸之服令人延年長服不死又劉元丹法以丹砂内玄水液中百日

紫色握之不汙手又和以雲母水內管中漈之投井中百日化為赤水服一合得百歲久服長生也又樂子長丹法以曾青鉛丹合汞及丹砂著銅筩中乾瓦白滑石封之於白砂中蒸之八十日服如小豆三年仙矣一本作一年仙又李文丹法以白素裹丹以竹汁煑之名紅泉乃浮湯上蒸之合以玄水服之一合一年仙矣又尹子丹法以雲母水和丹密封致金花池中一年出服一刀圭盡一斤得五百歲又太乙招魂魄丹法所用五石及封之以六一泥皆似九丹也長於起

卒死三日以還者折師(死者口)内一丸與硫黄丸俱以水送之令入喉即活皆言見使者持節召之又采女丹法以兎血和丹與蜜蒸之百日服之如梧桐子者大一丸日三至百日有神女二人来侍之可役使又稷丘子丹法以清酒麻油百華醴龍膏和封以六一泥以糠火熅之十日成服如小豆一丸盡劑得壽五百歲又墨子丹法用汞及五石液於銅器中火熬之以鐵匕撓之十日還爲丹服之一刀圭萬病去身長服不死又張子和丹法用鉛汞曾青水合封之蒸之於赤

黍米中八十日成以棗膏和丸之服如大豆百日壽五百歲又綺里丹法先飛取五石玉塵合以丹砂汞内大銅器中煑之百日五色服之不死以鉛百斤以藥百刀圭合火之成白銀以雄黄水和之而火之百日成黄金金或太剛者以猪膏煑之或太柔者以白梅煑之又玉桂丹法以華池和丹以鲁青硫黄末覆之薦之内筩中沙中蒸之五十日服之百日玉女六甲六丁神女來侍之可役使知天下之事也又肘後丹法以金華和丹乾瓦封之蒸八十日取如小豆置

盤中向日和之其光上與日連服如小豆長生矣以投丹陽銅中火之成金又一法以油汁和丹服之百日長生又李公丹法用真丹及五石之水各一升和令如泥釜中火之三十六日出和以石硫黃液服之十年與天地相畢又劉生丹法用白菊花汁地楮汁樗汁和丹蒸之三十日研合服之一年得五百歲老翁服更少不可識少年服亦不老又王君丹法巴沙及汞內雞子中漆合之令雞伏之三枚以王相日服之住年不老小兒不可服不復長矣與新生雞犬服之皆不復大鳥獸

皆亦如此驗又陳生丹法用白蜜和丹内銅器中封之沉之井中一朞服之經年不饑盡一斤壽百歲又韓衆終丹法漆蜜和丹煎之服可延年久視立日中無影過此已往尚數十法不可俱論抱朴子曰金液太乙所服而仙者也不减九丹矣合之用古秤黄金一斤并用玄明龍膏太二旬首中石氷石紫游女玄水液金化石丹砂封之成水其經云金液入口則其身皆金色老子授之於元君元君曰此道至重百世一出藏之石室合之皆齋戒百日不得與俗人相往

来於名山之側東流水上別立精室百日成服一兩便仙若未欲去世且作地水仙之士者但齋戒百日矣若欲昇天皆先斷穀一年乃服之也若服半兩則長生不死萬害百毒不能傷之可以畜妻子居官秩在意所欲無所禁也若復欲昇天者乃可齋戒更服一兩便飛仙矣以金液為威喜巨勝之法取金液及水銀一味合煑之三十日出以黃土甌盛以六一泥封置猛火炊之六十時皆化為丹服如小豆大便仙以此丹一刀圭粉水銀一斤即成銀又取此丹一斤

置火上扇之化為赤金而流名曰丹金以塗刀劍辟兵萬里以此丹金為盤椀飲食其中令人長生以承日月得液如方諸之得水也飲之不死以金液和黃土内六一泥甌中猛火炊之盡成黃金中用也復以火炊之皆化為丹服之如小豆可以入名山大川為地仙以此丹一刀圭粉水銀立成銀以銀一兩和鉛一斤皆成銀受金液經授金人八兩於東流水中飲血為誓乃告口訣不如本法盜其方而作之終不成也凡人有至信者可以藥與之不可輕傳其書必兩

受其殃天神鑒人甚近人不知耳抱朴子曰九丹誠為仙藥之上法然合作之所用雜藥甚多若四方清通者市之可具若九域分隔則物不可得也又當起火晝夜數十日伺候火力不可令失其適勤苦至難故不及合金液之易也合金液唯金為難得耳古秤金一斤於今為二斤率不過直三十許萬其所用雜藥差易具又不起火但以置華池中日數足便成矣都合可用四十萬而得一劑可足八仙人也然其中稍少合者其氣力不足以相化成如釀數升米酒必

無成也抱朴子曰其次有餌黄金法雖不及金液亦遠不比他藥也或以豕負革肪及酒鍊之或以樗皮治之或以荊酒磁石消之或有可引為巾或立令成水服之或有禁忌不及金液也或以雄黄雌黄合餌之可引之張之如皮皆地仙法耳銀及蚌中大珠皆可化為水服之然須長服不可供故皆不及金液也

抱朴子曰合此金液九丹既當用錢又宜入名山絕人事故能為之者少且亦千萬人中時當有一人得其經者故謂作道書者畧无説金丹者也第一禁勿

令俗人之不信道者謗訕評毀之必不成也鄭君言所以爾者合此大藥皆當祭祭則太一元君老君玄女皆来鑒省作藥者若不絶跡幽僻之地令俗間愚人得經過聞見之則諸神便責作藥之者不遵承經戒致令惡人有謗毀之言則不復佑助人而邪氣得進藥不成也必入名山之中齋戒百日不食五辛生魚不與俗人相見爾乃可作大藥作藥須成乃解齋不但初作時齋也鄭君云老君告之言諸小小山皆不可於其中作金液神丹也凡小山皆无正神為主

多是木石之精千歲老物血食之鬼此輩皆邪𩀌不念為人作福但能作禍善試道士道士須當以術辟身及將從弟子然或能壞人藥也今之醫家每合好藥好膏皆不欲令雞犬小兒婦人見之若被諸物犯之用便無驗又染彩者惡惡目者見之皆失美色況神仙大藥乎是以古之道士合作神藥必入名山不止凡山之中正為此也又按仙經可以精思合作仙藥者有華山泰山霍山恒山嵩山少室山長山太白山終南山女几山地肺山王屋山抱犢山安丘山潛

山青城山娥眉山綏山雲臺山羅浮山陽駕山黃金山鼈祖山大小天台山四望山盖竹山括蒼山此皆是正神在其山中其中或有地仙之人上皆生芝草可以避大兵大難不但於中以合藥也若有道者登之則此山神必助之為福藥必成若不得登此諸山者海中大島嶼若會稽之東翁洲亶洲紵嶼及徐州之羊莒洲泰光洲鬱洲皆其次也今中國名山不可得至江東名山之可得住者有霍山在晉安長山太白在東陽四望山大小天台山盖竹山括蒼山並在

會稽抱朴子曰余忝大臣之子孫雖才不足以經國理物然疇類之好進趍之業而所知不能遠余者多揮翮雲漢耀景晨霄者矣余所以絶慶吊於鄉黨棄當世之榮華者必欲遠登名山成所著子書次則合神藥規長生故也俗人莫不怪余之委桑梓背清塗而躬耕林藪手足胼胝謂余有狂惑之疾也然道與世事不並興若不廢人間之務何得修如此之志乎見之誠了執之必定者亦何憚於毀譽豈移於勸沮哉聊書其心示將來之同志尚者云後有斷金之徒

所指棄者亦與余之不異也小神丹方用真丹三斤白蜜六斤攪合日暴煎之令可丸旦服如麻子許十丸未一年髮白者黑齒落者生身體潤澤長服之不老老翁成年少長生不死矣小丹法丹一斤擣篩淳苦酒三升漆二升凡三物合令相得微火上煎令可丸服如麻子三丸日再服三十日腹中百病愈三尸去服之百日肌骨強堅千日司命削去死籍與天地相畢日月相望形易容變无常日中无影乃别有光也小餌黃金法鍊金内清酒中約二百過出入即沸

矣握之出指間令如泥若不沸及握之不出指間即削之内清酒中無數也成服之如彈丸一枚亦可二丸分為小丸服之三十日无寒温神人玉女事之銀亦可餌之與金同法服此二物能居名山石室中者一年即輕舉矣止人間服亦地仙勿妄傳也兩儀子餌消黄金法猪負革脂三斤淳苦酒一升取黄金五兩置器中煎之土爐以金置脂中百入百出苦酒亦爾飡一斤壽蔽天地飡半斤壽二千歲五兩金千二百歲无多少便可餌之當以王相日作服之神良勿

傳示人示人令藥不成不神欲去當服丹砂也

抱朴子内篇卷四終

抱朴子内篇卷五

至理

晋丹陽葛洪稚川著

抱朴子曰微妙難識疑惑者衆吾聰明豈能過人哉適偶有所偏解猶鶴知夜半燕知戊已而未必達於他事也亦有以校驗知長生之可得仙人之無種耳夫道之妙者不可盡書而其近者又不足説昔庚桑胼胘文字釐頹勤苦彌久及受大訣諒有以也夫圓首含氣孰不樂生而畏死哉然榮華勢利誘其意

素顏玉膚惑其目清商流徵亂其耳愛惡利害攪其神功名聲譽束其體此皆不召而自來不學而已成自非受命應仙窮理獨見識變通於常事之外運清鑒於玄漠之域寤身名之親疎悼過隙之電速者豈能棄交修賒抑遺嗜好割目下之近欲修難成之遠功哉夫有因無而生焉形須神而立焉有者無之宮也形者神之宅也故譬之於堤堤壞則水不留矣方之於燭燭糜則火不居矣身勞則神散氣竭則命終根竭枝繁則青青去木矣氣疲欲勝則精靈離身矣

夫逝者無反期既朽無生理達道之士良所悲矣輕璧重陰豈不有以哉故山林養性之家遺俗得意之徒比崇高於贅疣方萬物乎蟬翼豈苟為大言而強薄世事哉誠其所見者了故棄之如忘耳是以遐棲幽遁韜鱗掩藻遏欲視之目遺損明之色杜思音之耳遠亂聽之聲滌除玄覽守雌抱一專氣致柔鎮以恬素遣歡戚之邪情外得失之榮辱割厚生之腊毒謐多言於樞機反聽而後所聞徹內視而後見無朕養靈根於冥鈞除誘慕於接物削斥淺務御以愉慔

為乎無為以全天理爾乃吹吸寶華浴神太清外除五曜內守九精堅玉鑰於命門結北極於黃庭引三景於明堂飛元始以鍊形采靈液於金梁長驅白而留青凝澄泉於丹田引沉珠於五城瑤鼎俯爨藻禽仰鳴瑰華擢穎天鹿吐瓊懷重規於絳宮潛九光於洞冥雲蒼鬱而連天長谷湛而交經履蹋乾兌召呼六丁坐臥紫房咀吸金英曄曄秋芝朱華翠莖晶晶珍膏溶溢霄零治飢止渴百痾不萌逍遙戊巳燕和飲平拘魂制魄骨填體輕故能策風雲以騰虛並混

輿而永生也然梁塵之盈尺非可求之漏刻山霤洞徹非可致之於造次也患於聞之者不信信之者不爲爲之者不終耳夫得之者甚希而隱不成者至多而顯世人不能知其隱者而但見其顯者故謂天下果無其仙道也抱朴子曰防堅則水無漉棄之費脂多則火無寢曜之患龍泉以靡割常利斤斧以日用速弊隱雪以違暖經夏藏冰以居深過暑單帛以褁鏡不灼凡卉以偏覆越冬泥壤易消者也而陶之爲瓦則與二儀齊其久焉柞柳速朽者也燔之爲炭則

可億載而不敗焉轅豚以優稸晚卒良馬以陟峻早斃寒蟲以適已倍壽南林以處溫長茂接煞氣則彫瘁於凝霜值陽和則鬱藹而條秀物類一也而榮枯異功豈有秋收之常限冬藏之定例哉而人之受命死生之期未若草木之於寒天也而延養之理補救之方非徒溫煖之爲淺益也久視之効何為不然而世人守近習隘以仙道為虛誕謂黃老為妄言不亦惜哉夫愚人乃不肯信湯藥鍼艾況深於此者乎皆曰喻跗扁鵲和緩倉公之流必能治病何不勿死又

云富貴之家豈乏醫術而更不壽是命有自然也乃責如此之人令信神仙是使牛緣木馬逐鳥也抱朴子曰召魂小丹三使之丸及五英八石小小之藥或立消堅氷或入水自浮能斷絶鬼神禳却虎豹破積聚於腑臟㱕二豎於膏肓起猝死於委尸返驚魂於既逝夫此皆凡藥也猶能令已死者復生則彼上藥也何為不能令生者不死乎越人救虢太子於既殞胡巫活絶氣之蘇武淳于能解顱以理腦元化能刳腹以澣胃文摯衍期以瘳危困仲景穿胸以納赤餅

此醫家之薄伎猶能若是豈況神仙之道何所不為夫人所以死者諸欲所損也老者百病所害也毒惡所中也邪氣所傷也風冷所犯也今道引行氣還精補腦食飲有度興居有節將服藥物思神守一柱天禁戒帶佩符印傷生之徒一切遠之如此則通可以免此六害今醫家通明腎氣之丸內補五絡之散骨填苟杞之煎黃耆建中之湯將服之者皆致肥丁漆葉青蘘凡弊之草樊阿服之得壽二百歲而耳目聰明猶能持鍼以治病此近代之實事良史所記注者也又云

有吳普者從華佗受五禽之戲以代導引猶得百餘歲此皆藥術之至淺尚能如此況於用其妙者耶今語俗人云理中四順可以救霍亂款冬紫苑可以治欬逆萑蘆貫衆之煞九蟲當歸芍藥之止絞痛秦膠獨活之除八風菖蒲乾薑之止痺濕菟絲蓯蓉之補虛乏甘遂葶歷之逐痰癖栝樓黃連之愈消渴薺苨甘草之解百毒蘆如益熱之護衆創麻黃大青之主傷寒俗人猶爲不然也寧煞生請福分蓍問祟不肯信良醫之攻疢病及用巫史之紛若況乎告之以金

冊可以度世芝英可以延年哉昔留侯張良吐出奇策一代無有智慮所及非淺近人也而猶謂不死可得著也其聰明智用非皆不逮世人而曰吾將棄人間之事以從赤松遊耳遂修道引絕穀一年規輕舉之道坐呂后逼蹴從求安太子之計良不得已為書致四皓之策果如其言呂后德之而逼令強食之故令其道不成耳按孔安國祕記云良得黃石公不死之法不但兵法而已又云良本師四皓甪里先生綺里季之徒皆仙人也良悉從受其神方雖為呂后所

強飲食尋復修行仙道密自度世但世人不知故云其死耳如孔安國之言則良為得仙也又漢丞相張蒼偶得小術吮婦人乳汁得一百八十歲此蓋道之薄者而蒼為之猶得中壽之三倍況於備術行諸祕妙何為不得長生乎此事見於漢書非空言也抱朴子曰服藥雖為長生之本若能兼行氣者其益甚速若不能得藥但行氣而盡其理者亦得數百歲然又宜知房中之術所以爾者不知陰陽之術屢為勞損則行無難得力也夫人在氣中氣在人中自天地至

于萬物無不須氣以生者也善行氣者内以養身外以却惡然百姓日用而不知焉吴越有禁咒之法甚有明驗多炁耳知之者可以入大疫之中與病人同床而己不染又以群從行數十人皆使無所畏此是氣可以禳天災也或有邪魅山精侵犯人家以瓦石擲人以火燒人屋舍或形現往來或但聞其聲音言語而善禁者以氣禁之皆即絶此是氣可以禁鬼神也入山林多溪毒蝮蛇之地凡人暫經過無不中傷而善禁者以氣禁之能辟方數十里上伴侣皆使无

為害者又能禁虎豹及蛇蜂皆悉令伏不能起以炁禁金瘡血即登止又能續骨連筋以炁禁白刃則可蹈之不傷刺之不入若人為蛇虺所中以炁禁之則立愈近世左慈趙明等以炁禁水水為之逆流一二丈又於茅屋上然火煑食食之而茅屋不焦又以大釘釘柱入七八寸以炁吹之釘即涌射而出又以炁禁沸湯以百許錢投中令一人手探攎取錢而手不灼爛擔禁水著中庭露之大寒不冰又能禁一里中炊者盡不得蒸熟又禁犬令不得吠昔吳遣賀將軍

討山賊賊中有善禁者每當交戰官軍刀劍皆不得拔弓弩射矢皆還向輒致不利賀將軍長智有才思乃曰吾聞金有刃者可禁蟲有毒者可禁其無刃之物無毒之蟲則不可禁彼能禁吾兵者必不能禁無刃物矣乃多作勁木白棒選異力精卒五千人為先登盡捉棓彼山賊恃其善禁者了不能備於是官軍以白棒擊之大破彼賊禁者果不復行所打煞者乃有萬計夫然出於形用之其効至此何疑不可絕穀治病延年養性乎仲長公理者才達之士也著昌言

亦論行炁可以不飢不病云吾始者未之信也至於為之者盡乃然矣養性之方若此至約而吾未之能也豈不以心馳於世務思銳於人事哉他人之不能者又必與吾同此疾也昔有明師知不死之道者燕君使人學之不捷而師死燕君怒其使者將加誅焉諫者曰夫所憂者莫過乎死所重者莫急乎生彼自喪其生亦安能令吾君不死也君乃不誅其諫辭則此為良說矣使彼有不死之方若吾所聞行炁之法則彼說師之死者未必不知道也直不能棄世事而

為之故雖知之而無益耳非無不死之法者也又云河南密縣有卜成者學道經久乃與家人辭去其始步稍高遂入雲中不復見此所謂舉形輕飛白日昇天仙之上者也陳元方韓元長皆潁川之高士也與密相近二君所以信天下之有仙者蓋各以其父祖及見卜成者成仙昇天故也此則又有仙之一證也

抱朴子内篇卷五終

抱朴子內篇卷六

晉丹陽葛洪稚川著

微旨

抱朴子曰：余聞歸同契合者，則不言而信著；途殊别務者，雖忠告而見疑。夫尋常咫尺之近理，人間取舍之細事，沉浮過於金羽，皂白分於粉墨，而抱惑之士猶多不辨焉，豈況說之以世道之外，示之以至微之旨，大而笑之，其來久矣，豈獨今哉？夫明之所及，雖玄陰幽夜之地，豪釐芒髮之物，不以爲難焉；苟所不逮者雖日月麗天之炤灼嵩岱干雲之峻峭猶不能察焉黃老玄聖深識獨見開秘文於名山受仙經於神人蹶埃塵以遺累凌大遐以高躋金石不能與之齊堅龜鶴不足與之等壽念有志於將來愍信者之無文垂以方法炳然著明小修則小得大為則大驗然而淺見之徒區區所守甘於荼蓼而不識粭蜜酣於醨酪而不嘗醇醪知好生而不知有養生之道知畏死而不信有不死之法知飲食過度之速疾病而不能節肥甘於其口也知極情恣欲之致枯損而不知

割懷於所欲也余雖言神仙之可得安能令其信乎

或人難曰子體無參午達理奇毛通骨年非安期彭祖多歷之壽目不接見神仙耳獨不聞異說何以知長生之可獲養性之有徵哉若覺玄妙於心得運逸鑒於獨見所未敢許也夫衣無蔽膚之具資無謀夕之儲而高談陶朱之術自同猗頓之策取譏論者其理必也抱痼疾而言精和鵲之伎屢奔北而稱究孫吳之算人不信者以無效也余答曰夫寸鮹汎迹濫水之中則謂天下無四海之廣也芒蝎宛轉果核之

內則謂人極之界盡於茲也雖告之以無涯之浩汗
語之以宇宙之恢闊以為空言必不肯信也若令吾
眼有方瞳耳長出頂亦將控飛龍而駕慶雲凌流電
而造倒景子又將安得而詰我設令見我又將呼為
天神地祇異類之人豈謂我為學之所致哉姑聊以
先覺挽引同志豈益令吾子之徒皆信之哉若令家
戶有仙人屬目比肩吾子雖蔽亦將不疑但彼人之
道成則蹈青霄而遊紫極自非通靈莫之見聞吾子
必為無耳世人信其臆斷仗其短見自非所度事無

差錯習乎所致惟乎所術提耳指掌終於不悟其来尚矣豈獨今哉或曰屢承嘉談足以不疑於有仙矣但更自嫌於不能為耳敢問更有要道可得單行者否抱朴子曰凡學道當階淺以涉深由難以及易志誠堅果無所不濟疑則無功非一事也夫根荄不洞地而求柯條干雲淵源不泓窈而求湯流萬里者未之有也是故非積善陰德不足以感神明非誠心款契不足以結師友非功勞不足以論大試又未遇而求要道未可得也九丹金液最是仙主然事大費重

不可卒辦也寶精愛炁最其急也并將服小藥以延年命學近術以辟邪惡乃可漸階精微矣或曰方術繁多誠難精備除置金丹其餘可修何者為善抱朴子曰若未得其至要之大者則其小者不可不廣知也蓋籍衆術之共成長生也大而諭之猶世主治國焉文武禮律無一不可也小而諭之猶工匠之為車焉轅輞軸轄莫或應虧也所為術者内修形神使延年愈疾外攘邪惡使禍害不干比之琴瑟不可以孑絃求五音也方之甲胄不可以一扎待鋒刃也何者

五音合用不可闕而鋒刃所集不可少也凡養生者欲令多聞而體要博見而善擇偏修一事不足必賴也又患好生之徒各仗其所長知玄素之術者則曰唯房中之術可以度世矣明吐納之道者則曰唯行氣可以延年矣知屈伸之法者則曰唯導引可以難老矣知草木之方者則曰唯藥餌可以無窮矣學道之不成就由乎偏枯之若此也淺見之家偶知一事便言已足而不識真者雖得善方猶更求無已以消工棄日而所施用意無一定此皆兩有所失者也或

本性戇鈍所知殊尚淺近便強入名山履冒毒螫屢被中傷耻復求還或為虎狼所食或為魍魎所殺或餓而無絕穀之方寒而無自温之法死於崖谷不亦愚哉夫務學不如擇師師所聞素狹又情不盡以教之因告云為道不在多也夫為道不在多自為已有金冊至要可不用餘耳然此事知之者甚希寧可虚待不必之大事而不修交益之小術乎譬猶作家云不事用他物者蓋謂有金銀珠玉在乎掌握懷抱之中足以供累世之費者耳苟其無此何可不廣播百

穀多儲果蔬乎是以斷穀辟兵厭劾鬼魅禁御百毒治救衆疾入山則使猛獸不犯涉水則令蛟龍不害經瘟疫則不畏遇急難則隱形此皆小事而不可不知況過此者何可不聞乎或曰敢問欲修長生之道何所禁忌抱朴子曰禁忌之至急在不傷不損而已按易內戒及赤松子經及河圖記命符皆云天地有司過之神隨人所犯輕重以奪其筭筭減則人貧耗疾病屢逢憂患筭盡則人死諸應奪筭者有數百事不可具論又言身中有三尸三尸之為物雖無形而

實魄靈鬼神之屬也欲使人早死此尸當得作鬼自放縱遊行饗人祭酹是以每到庚申之日輒上天白司命道人所為過失又月晦之夜竈神亦上天白人罪狀大者奪紀紀者三百日也小者奪算算者三日也或作一日吾亦未能審此事之有無也然天道邈遠鬼神難明趙簡子秦穆王皆親受金策於上帝有土地之明徵山川草木井竈洿池猶皆有精氣人身中況天地為物之至大者於理當有精神有神則宜賞善而罰惡但其體大而網踈不必機發而響應耳然

覽諸道戒無不云欲求長生者必欲積善立功慈心於物恕己及人仁逮昆蟲樂人之吉愍人之苦賙人之急救人之窮手不傷生口不勸禍見人之得如己之得見人之失如己之失不自貴不自譽不嫉妬勝己不佞諂陰賊如此乃為有德受福于天所作必成求仙可冀也若乃憎善好殺口是心非背向異辭反戾直正虐害其下欺罔其上叛其所事受恩不感弄法受賂縱曲枉直廢公為私刑加無辜破人之家收人之寶害人之身取人之位侵克賢者誅戮降伏謗

訕仙聖傷殘道士彈射飛鳥刳胎破卵春夏燎獵罵詈神靈教人爲惡蔽人之善危人自安佻人自功壞人佳事奪人所愛離人骨肉辱人求勝取人長錢還人短陌決放水火以術害人迫脅尫弱以惡易好強取強求擄掠致富不公不平淫佚傾邪凌孤暴寡拾遺取施欺紿誑詐好說人私持人短長牽天援地祝詛求直假借不還換貸不償求欲無已憎拒忠信不順上命不敬所師笑人作善敗人苗稼損人器物以窮人用以不清潔飲飼他人輕秤小斗狹幅短度以

偽雜真採取姦利誘人取物越井跨竈晦歌朔哭凡有一事輒是一罪隨事輕重司命奪其筭紀筭盡則死但有惡心而無惡迹者奪筭若惡事而損於人者若筭紀未盡而自死者皆殃及子孫也諸橫奪人財物者或計其妻子家口以當塡之以致死喪但不即至耳其惡行若不足以煞其家人者久久終遭水火刼盜及行求遺器物若遇縣官疾病自營醫藥烹牲祭祀所用之費要當令足以盡其所取之直也故道家言枉煞人者是以兵刃而更相煞其取非義之財

似有缺文

不避怨根譬若以漏脯救飢鴆酒解渴非不暫飽而死亦及之矣其有曾行諸惡事後自改悔者若曾枉煞人則當思救濟應死之人以解之若妄取人財物則當思施與貧困以解之若以罪加人則當思薦達賢人以解之皆一倍於所為則可便受吉利轉禍為福之道也能盡不犯之則必延年益壽學道速成也夫天高而聽卑物無不鑒行善不怠必得吉報羊公積德布施詣乎皓首乃受天墜之金蔡順至孝感神應之郭巨煞子為親而獲鐵券之重賜然善事難為

惡事易作而愚人復以項託伯牛輩謂天地之不能辨臧否而不知彼有外名者未必有內行有揚譽者不能解陰罪若以蓍蔘之生死而疑陰陽之大氣亦不足以致遠也蓋上士所以密勿而僅免凡庸所以不得其欲矣或曰道德未成又未得絕跡名山而世不同古盜賊甚多將何以卻朝夕之患防無妄之災乎抱朴子曰常以執日取六癸上土以和百葉薰草以泥門戶方一尺則盜賊不來亦可取市南門土及歲破土月建土合和為人以著朱鳥地亦壓盜也有

急則入生地而止無患也天下有生地一州有生地一郡有生地一縣有生地一鄉有生地一里有生地一宅有生地一房有生地或曰一房有生地不亦逼乎抱朴子曰經云大急之極隱於車軾如此一車之中亦有生地亦有死地況一房乎或曰竊聞求生之道當知二山不審此山為何所在願垂告悟以袪其惑抱朴子曰有之非華霍也非嵩岱也夫太元之山難知易求不天不地不沉不浮絕險緬邈崔嵬崎嶇和氣絪緼神意並遊玉井泓邃灌溉匪休百二十官

曹府相由離坎列位玄芝萬株絳樹特生其寶皆殊金玉嵯峨醴泉出隅還年之士挹其清流子能修之松喬可儔此一山也長谷之山杳杳巍巍玄氣飄飄玉液霏霏金池紫房在乎其隈愚人妄往至皆死歸有道之士登之不衰採服黃精以致天飛此二山也皆古賢之所祕子精思之或曰願聞真人守身錬形之術抱朴子曰深哉問也夫始青之下月與日兩半同昇合成一出彼玉池入金室大如彈丸黃如橘中有嘉味甘如蜜子能得之謹勿失既往不追身將滅

純白之氣至微密昇于幽關三曲折中丹煌煌獨無匹立之命門形不卒淵乎妙矣難致詰此先師之口訣知之者不畏萬鬼五兵也或曰聞房中之事能盡其道者可單行致神仙并可以移災解罪轉禍為福居官高遷商賈倍利信乎抱朴子曰此皆巫書妖妄過差之言由於好事增加潤色至令失實或亦姦偽造作虛妄以欺誑世人藏隱端緒以求奉事招集弟子以規世利耳夫陰陽之術高可以治小疾次可以免虛耗而已其理自有極安能致神仙及卻禍致福

乎人不可以陰陽不交坐致疾患若乃縱情恣欲不能節宣則伐年命善其術者則能却走馬以補腦還陰丹以朱腸采玉液於金池引三五於華梁令人老有美色終其所禀之天年而俗人聞黃帝以千二百女昇天便謂黃帝單以此事致長生而不知黃帝於荆山之下鼎湖之上飛九丹成乃乘龍登天也黃帝自可有千二百女耳而非單行之所由也凡服藥千種三牲之養而不知房中之術亦無所益也是以古人恐人輕恣情性故美為之説亦不可盡信也玄素

諭之水火水火煞人而又生人在於能用與不能耳大都其要法御女多多益善如不知其道而用之一兩人足以速死爾彭祖之法最其要者其他經多煩勞難行而其為益不必如其書人少有能為之者口訣亦有數千言耳不知之者雖服百藥猶不能得長生也

抱朴子内篇卷六終

抱朴子内篇卷七

晉丹陽葛洪稚川著

塞難

或曰皇穹至神賦命宜均何爲使喬松凡人受不死之壽而周孔大聖無久視之祚哉抱朴子曰命之脩短實由所值受氣結胎各有星宿天道無爲任物自然無親無疎無彼無此也命屬生星則其人必好仙道好仙道者求之亦必得也命屬死星則其人亦不信仙道則亦不自修其事也所樂善否判於所稟移

易予奪非天所能譬猶金石之銷於爐冶瓦器之甄於陶竈雖由之以成形而銅鐵之利鈍罌甕之邪正適遇所遭非復爐竈之事也或人難曰良工所作皆由其手天之神明何所不為而云人生各有所值非彼昊蒼所能匠成愚甚惑焉未之敢許也抱朴子荅曰渾茫剖判清濁以陳或昇而動或降而靜彼天地猶不知所以然也萬物感氣並亦自然與彼天地各爲一物但成有先後體有巨細耳有天地之大故覺萬物之小有萬物之小故覺天地之大且夫腹背雖包

圍五臟而五臟非腹背之所作也肌膚雖纏裹血氣而血氣非肌膚之所造也天地雖含囊萬物而萬物非天地之所為也譬猶草木之因山林以萌秀而山陵非有事焉魚鱉託水澤以產育而水澤非有為焉俗人見天地之大也以萬物之小也因曰天地為萬物之父母萬物為天地之子孫夫蝨生於我豈我之所作故蝨非我不生而我非蝨之父母蝨非我之子孫蟣蝝之育於醯醋芝檽之產於木石蛣蝠之滋於污淤翠蘿之秀於松枝非彼四物所創匠也萬物盈

乎天地之間豈有異乎斯哉天有日月寒暑人有瞻視呼吸以遠況近以此推彼人不能自知其體老少痛痒之何故則彼天亦不能自知其體盈縮災祥之所以人不能使耳目常聰明榮衛不輟閡則天亦不能使日月不薄蝕四時不失序由兹論之夭壽之事果不在天地仙與不仙决非所值也夫生我者父也娠我者母也猶不能令我形器必中適姿容必妖麗性理必平和智慧必高遠多致我氣力延我年命而或矬陋尫弱或且黑且醜或聾盲頑嚚或枝離劬蹇

所得非所欲也所欲非所得也况乎天地遼闊若哉
父母猶復其遠者也我自有身不能使之永壯而不
老常健而不疾喜怒不失宜謀慮無悔吝故受氣流
形者父母也受而有之者我身也其餘則莫有親密
乎此者也莫有制御乎此者也二者已不能有損益
於我矣天地亦安得與知之乎必若人物皆天地所
作則宜皆好而無惡悉成而無敗衆生無不遂之類
而項楊無春彫之悲矣子以天不能使孔孟有度世
之祚益知所稟之有自然非天地所剖分也聖之爲

德德之至也天若能以至德與之而使之所知不全功業不建位不霸王壽不盈百此非天有為之驗也聖人之死非天所殺則聖人之生非天所挺也賢不必壽愚不必夭善無近福惡無近禍生無定年死無常分盛德哲人秀而不實竇公庸夫年幾二百伯牛廢疾子夏喪明盜跖窮凶而白首莊蹻極惡而黃髮天之無為於此明矣或曰仲尼稱自古皆有死老氏曰神仙之可學夫聖人之言信而有徵道家所說誕而難用抱朴子曰仲尼儒者之聖也老子得道之聖

也儒教近而易見故宗之者衆焉道意遠而難識故達之者寡焉道者萬殊之源也儒者大淳之流也三皇以往道治也帝王以来儒教也談者咸知高世之敦朴而薄季俗之澆散何獨重仲尼而輕老氏乎是玩華藻於木末而不識所生之有本也何異乎貴明珠而賤淵潭愛和璧而惡荊山不知淵潭者明珠之所自出荊山者和璧之所由生也且夫養性者道之餘也禮樂者儒之末也所以貴儒者以其移風易俗不唯揖讓與盤旋也所以尊道者以其不言而化行

匪獨養生之一事也若儒道果有先後則仲尼未可專信而老氏未可孤用仲尼既敬問伯陽願比老彭又自以知魚鳥而不識龍喻老氏於龍蓋其心服之辭非空言也與顏回所言瞻之在前忽然在後鑽之彌堅仰之彌高無以異也或曰仲尼親見老氏而不從學道何也抱朴子曰以此觀之益明所稟有自然之命所尚有不易之性也仲尼知老氏玄妙貴異而不能挹酌清虚本源大宗出乎無形之外入乎至道之内其所諮受止於民間之事而已安能請求仙法

耶忖其用心汲汲專於教化不存乎方術也仲尼雖聖於世事而非能沉靜玄默自守無為者也故老子戒之曰良賈深藏若虛君子盛德若愚去子之驕氣與多欲態色與淫志是無益於子之身此足以知仲尼不免於俗情非學仙之人也夫栖栖遑遑務在匡時仰悲鳳鳴俯歎匏瓜沽之恐不售忼慨思執鞭亦何肯捨經世之功業而修養生之迂闊哉或曰儒道之業孰為難易抱朴子答曰儒者易中之難也道者難中之易也夫棄交遊委妻子謝榮名損利祿割粲爛

於其目抑鏗鏘於其耳恬愉靜退獨善守己謗來不戚譽至不喜覩貴不欲居賤不耻此道家之難也出無慶弔之望入無瞻視之責不勞神於七經不運思於律歷意不為推步之苦心不為藝文之役衆煩既損和氣自益無為無慮不怵不惕此道家之易也所謂難中之易矣夫儒者所修皆憲章成事出處有則語嘿隨時師則此屋而可封書則因解注以釋疑此儒者之易也鈎深致遠錯綜典墳該河洛之籍籍傳百氏之云云德行積於衙巷志貞盡於事君仰馳神

於垂象俯運思於風雲一事不知則所爲不通片言不正則褒貶不分舉趾爲世人之所則動脣爲天下所傳此儒家之難也所爲易中之難矣篤論二者儒業多難道家約易吾以患其難矣將舍而從其易焉世之譏吾者則比肩皆是也可與得意者則未見其人也若同志之人必存乎將來則吾亦未謂之爲希矣或曰余閲見知名之高人洽聞之碩儒果以窮理盡性研覈有無者多矣未有言年之可延仙之可得者也先生明不能並日月思不能出萬夫而據長生

之道未之敢信也抱朴子曰吾庸夫近才見淺聞寡豈敢自許以拔群獨識皆勝世人乎顧曾以顯而求諸乎隱以易而得之乎難校其小驗則知其大効覩其已然則明其未試耳且夫世之不信天地之有仙者又未肯規也率有經俗之才當塗之伎涉覽篇籍助教之書以料人理之近易辨凡猥之所惑則謂衆之所疑我獨能斷之機兆之未朕我能先覺之是我與萬物之情無不盡矣幽賾冥昧無不得也我謂無仙仙必無矣自來如此其堅固也吾每見俗儒碌碌

守株之不信至事者皆病於頗有聰明而偏枯拘縶以小黠自累不肯為純在乎極暗而了不別菽麥者也夫以管窺之狹見而孤塞其聰明之所不及是何異以一尋之綆汲百仞之深不覺所用之短而云井之無水也俗有聞猛風烈火之聲而謂天之冬雷見遊雲西行而謂月之東馳人或告之而終不悟信此信己之多者也夫聽聲者莫不信我之耳焉視形者莫不信我之目焉而或者所聞見言是而非然則我之耳目果不足信也況乎心之所度無形無聲其難

察尤甚於視聽而以已心之所得必固世間至遠之事謂神仙為虛言不亦蔽哉抱朴子曰妍蚩有定矣而憎愛異情故兩目不相為視焉雅鄭有素矣而好惡不同故兩耳不相為聽焉真偽有質矣而趣舍舛忤故兩心不相為謀焉以醜為美者有矣以濁為清者有矣以失為得者有矣此三者乖殊炳然可知如此其易也而彼此終不可得而一焉又況乎神仙之事事之妙者而欲令人皆信之未有可得之理也凡人悉使之知又何貴乎達者哉若待俗人之息妄言

則俟河之清未為久也吾所以不能嘿者冀夫可上可下者可引致耳其不移者古人已末如之何矣抱朴子曰至理之未易明神仙之不見信其來久矣豈獨今哉太上自然知之其次告而後悟若夫聞而大笑者則悠悠皆是矣吾之論此也將有多敗之悔失言之咎乎（咎或作吝）夫物莫之與則傷之者至焉蓋盛陽不能榮枯朽之木神明不能變沉溺之性子貢不能悦禄馬之野人古公不能釋欲地之戎狄實理有所不通善言有所不行章甫不售於蠻越赤舄不用於

跣夷何可強哉夫見玉而指曰石非玉之不真也待和氏而後識焉見龍而命之曰蛇非龍之不神也須蔡墨而後辨焉所以貴道者以其加之不可益而損之不可減也所以貴德者以其聞毀而不慘見譽而不悅也彼誠以天下之必無仙而我獨以實有而與之諍諍之彌久而彼執之彌固是虛長此紛紜而無救於不解果當從連環之義乎

抱朴子內篇卷七終

抱朴子内篇卷八

晉丹陽葛洪稚川著

釋滯

或問曰人道多端求仙至難非有廢也則事不兼濟藝文之業憂樂之務君臣之道胡可替乎抱朴子答曰要道不煩所爲鮮耳但患志之不立信之不篤何憂於人理之廢乎長才者兼而修之何難之有内寶養生之道外則和光於世治身而身長修治國而國太平以六經訓俗士以方術授知音欲少留則且止

而佐時欲昇騰則凌霄而輕舉者上士也自持才力
不能並成則棄智人間專修道德者亦其次也昔黄
帝荷四海之任不妨鼎湖之舉彭祖為大夫八百年
然後西適流沙伯陽為柱史寗封為陶正方回為閭
士呂望為太師仇生仕於殷馬丹官於晋范公霸越
而泛海琴高執笏於宋康常生降志於執鞭莊公藏
器於小史古人多得道而匡世修之於朝隱蓋有餘
力故何必修於盡廢生民之事然後乃成乎亦有心
安靜默性惡諠譁以縱逸為歡以榮任為戚者帶索

藍縷茹草操耜玩其三樂守常待終不營苟生不憚速死辭千金之聘忽卿相之貴者無所修為猶常如此況又加之以知神仙之道其亦必不肯役身於世矣各從其志不可一槩而言也抱朴子曰世之謂一言之善貴於千金然蓋亦軍國之得失行已之臧否耳至於告人以長生之訣授之以不死之方非特若彼常人之善言也則奚徒千金而已乎設使有困病垂死而有能救之得愈者莫不謂之為弘恩重施矣今若按仙經飛九丹水金玉則天下皆可令不死其

惠非但活一人之功也黃老之德固無量矣而莫之克識謂為妄誕之言可歎者也抱朴子曰欲求神仙唯當得其至要至要者在於寶精行炁服一大藥便足亦不用多也然此三事復有淺深不值明師不經勤苦亦不可倉卒而盡知也雖云行炁而行炁有數法焉雖曰房中而房中之術近有百餘事焉雖言服藥而服藥之方略有千條焉初以授人皆從淺始有志不怠勤勞可知方乃告其要耳故行炁或可以治百病或可以入瘟疫或可以禁蛇虎或可以止瘡血

或可以居水中或可以行水上或可以辟飢渴或可以延年命其大要者胎息而已得胎息者能不以鼻口嘘吸如在胞胎之中則道成矣初學行炁鼻中引炁而閉之陰以心數至一百二十乃以口吐之及引之皆不欲令自耳聞其炁出入之聲常令入多出少以鴻毛著鼻口之上吐炁而鴻毛不動為候也漸習轉增其心數久久可以至千至千則老者更少日還一日矣夫行炁當以生炁之時勿以死炁之時也故曰仙人服六炁此之謂也一日一夜有十二時其從

半夜以至日中六時為生炁從日中至夜半六時為死氣死氣之時行炁無益也善用炁者嘘水水為之逆流數步嘘火火為之滅嘘虎狼虎狼伏而不得動起嘘蛇虺蛇虺蟠而不能去若他人為兵刃所傷嘘之血即止聞有為毒蟲所中雖不見其人遥為嘘祝我之手男嘘我左女嘘我右而彼人雖在百里之外即時皆愈矣又中惡急疾但吞三九之炁亦登時差也但人性多慘少能安靜以修其道耳又行炁大要不欲多食及食生菜肥鮮之物令人炁殢難閉又禁

恚怒多恚怒則炁亂旣不得溢或令人發欬故尠有能爲之者也余從祖仙公每大醉及夏天盛熱輒入深淵之底一日許乃出者正以能閉炁胎息故耳房中之法十餘家或以補救傷損或以攻治衆病或以採陰益陽或以增年延壽其大要在於還精補腦之一事耳此法乃真人口口相傳本不書也雖服名藥而復不知此要亦不得長生也人復不可都絶陰陽不交則生致壅閼之病故幽閉怨曠多病而不壽也任情肆意又損年命唯有得其節宣之和可以不損若

不得口訣之術萬無一人爲之而不以此自傷慜者也玄素子都容成公彭祖之屬蓋載其麤事終不以至要者著於紙上者也志求不死者宜勤行求之余承師鄭君之言故記以示將來之信道者非臆斷之談也余實復未盡其訣矣一塗之道士或欲專守交接之術以規神仙而不作金丹之大藥此愚之甚矣

抱朴子曰道書之出於黄老者蓋少許耳率多後世之好事者各以所知見而滋長遂令篇卷至於山積古人質朴又多無才其所論物理既不周悉其所證

按又不著明皆闕所要而難解解之又不深遠不足以演暢微言開示憤悱勸進有志教戒始學令知玄妙之塗徑禍福之源流也徒誦之萬遍殊無可得也雖欲博涉然宜詳擇其善者而後留意至於不要之道書不足尋繹也末學者或不別作者之淺深其於名為道家之言便寫取累箱盈筐盡心思索其中是探燕巢而求鳳卵搜井底而捕鱔魚雖加至勤非其所有也不得必可施用無故消棄日月空有疲困之勞了無錙銖之益也進失當世之務退無長生之効

則莫不措㸃之曰彼修道如此之勤而不得度世是天下果無不死之法也而不知彼之求仙猶臨河羨魚而無網罟非河中之無魚也又五千文雖出老子然皆汎論較略耳其中了不肯首尾全舉其事有可承按者也但暗誦此經而不得要道直為徒勞耳又況不及者乎至於文子莊子關令尹喜之徒其屬文華雖祖述黃老憲章玄虛但演其大旨永無至言或復齊死生謂無異以存活為徭役以殂歿為休息其去神仙已千億里矣豈足躭玩哉其寓言譬喻猶有

可采以供給碎用充御卒乏至使末世利口之奸佞無行之弊子得以老莊爲窟藪不亦惜哉或曰聖明御世唯賢是寶而學仙之士不肯進宦人皆修道誰復佐政事哉抱朴子曰昔聖主而山栖者巢許所以稱高也遭有道而遁世者莊伯所以爲貴也軒轅之臨天下可謂至理也而廣成不與焉唐堯之有四海可謂太平也而偓佺不佐焉而德化不以之損也才子不以之乏也天乙革命而務光負石以投河姬武剪商而夷齊不食於西山齊桓之興而少稷高枕於

陋巷魏文之隆而干木散髮於之芏四老風戢於商洛而不妨大漢之多士也周黨麟跱於林藪而無損孝文之刑厝也夫寵貴不能動其心極富不能移其好濯纓滄浪不降不辱以芳林為臺榭峻岫為大厦翠蘭為絪牀綠葉為幃幙被褐代衮衣薇藿當嘉膳匪躬耕不以充飢匪妻織不以蔽身千載之中時或有之况又加之以委六親於邦族捐室家而不顧背榮華如棄跡絕可欲於胸心夌嵩峻以獨往侶影響於名山內視於無形之域反聽乎至寂之中八極之

內將遂幾人而吾子乃恐君之無臣不亦多憂乎或曰學仙之士獨潔其身而忘大倫之亂背世主而有不臣之慢余恐長生無成功而罪習將見及也抱朴子答曰夫北人石户善卷子州皆大才也而沉遁放逸養其浩然昇降不為之虧大化不為之缺也況學仙之士未必有經國之才立朝之用得之不加塵露之益棄之不覺毫釐之損者乎方今九有同宅而幽荒來仕元凱委積無所用之士有待次之滯官無暫曠之職勤久者有遲敘之歎勳高者有待滿之屈濟

濟之盛莫此之美一介之徒非所乏也昔子晉捨視膳之役棄儲貳之重而靈王不責之以不孝尹生委衿帶之職違式遏之任而有周不罪之以不忠何者彼誠亮其非輕世薄主直以所好者異匹夫之志有不可移故也夫有道之主含垢善恕知人心之不可同出處之各有性不逼不集以崇光大上無嫌恨之偏心下有得意之至歡故能嚶聲並揚於罔極貪夫聞風而忸怩也吾聞景風起則裘鑪息世道夷則奇士退今喪亂既平休牛放馬烽燧滅影干戈載戢繁

弱既韜盧鵲將烹子房出玄帷而反閭巷信有釋甲胄而修魚釣況乎學仙之士萬未有一國家吝此以何為哉然其事在於少思寡欲其業在於全身久壽非爭競之醜無傷俗之負亦何罪乎且華霍之極大滄海之滉瀁其高不俟翔埃之來其深不抑行潦之注撮壤土不足以減其峻升勺出不足以削其廣一世不過有數仙人何能有損人物之鞅掌乎或曰果其仙道可求得者五經何以不載周孔何以不言聖人何以不度世上智何以不長存若周孔不知則不

可為聖君知而不學則是無仙道也抱朴子答曰人生星宿各有所值既詳之於别篇矣子可謂戴盆以仰望不睹七曜之炳粲暫引領於大川不知重淵之奇怪也夫五經所不載者無限矣周孔所不言者不少矣特為吾子略說其萬一焉雖大笑不可止爲情難卒闡且令子聞其較略焉夫天地為物之大者也九聖共成易經足以彌綸陰陽不可復加也今問善易者周天之度數四海之廣狹宇宙之相去凡為幾里上何所極下何所據及其轉動誰所推引日月遲

疾九道所剩昏明修短七星迭正五緯盈縮冠珥薄蝕四七凌犯彗孛所出氣天之異景老之祥辰極不動鎮星獨東羲和外景而熱望舒內鑒而寒天漢仰見為潤下之性濤潮往來有大小之變五音六屬占喜怒之情雲動氣起含吉凶之候欃槍尤矢旬始絳繹四鎮五殘天狗歸邪或以示成或以正敗明易之生不能論此也以次問春秋四部詩書三禮之家皆復無以對矣皆曰悉正經所不載唯有巫咸甘公石申海中郗萌七曜記之悉矣余將問之曰此六家之

書是為經典之教乎彼將曰非也余又將問曰甘石之徒為是聖人乎彼亦曰非也然則人生而戴天詣老履地而求之於五經之上則無之索之於周孔之書則不得今寧可盡以為虛妄乎天地至大舉目所見由猶不能了況於玄之又玄妙之極妙者乎復問俗人曰夫乘雲蠒產之國肝心不朽之民巢居穴處獨目三首馬間狗蹄修臂交股黃池無男穿胸旁口廪君起石而沉土船沙丘觸目而生群龍女媧地出壯字天墮⿱辟毛飛大言⿱辟毛一作壁山徙社移三軍之衆一朝盡

化君子為鶴小人成沙女㑚一作丑倚枯二負抱桎寄居之蟲委甲步肉二首之蛇弦之為弓不灰之木不熱之火昌蜀之禽無目之獸無身之頭無首之體精衛填海玄讓遁生火浣之布切玉之刀炎昧吐烈磨泥瀍水枯灌化形山夔前跟石脩九首畢方人面少千之劾伯率聖卿之役肅霜西羌以唐景興鮮卑似桑鷖強林邑以神錄王庸蜀以流尸帝監神與萊而蟲飛縱目世變於荊岫五丁引蛇以傾峻內甚振翅於三海金簡玉字發於禹井之側正機平衡割乎文

石之中凡此奇事蓋以千計五經所不載周孔所不說可皆復云無是物乎至於南人能入柱以出耳禦寇停肘水而控弦伯氏躡億仞而企踵呂梁能行歌以憑淵宋公克象葉以亂真公輸飛木鷄之翩翾離朱覩毫芒於百步賁獲効膂力於萬鈞越人揣鍼以蘇死豎亥超迹於累千郢人奮斧於鼻堊仲都袒身於寒天此皆周孔所不能為也復可以為無有乎若聖人誠有所不能則無恠於不得仙不得仙亦無妨於為聖人爲聖人偶所不閑何足以為攻難之主哉

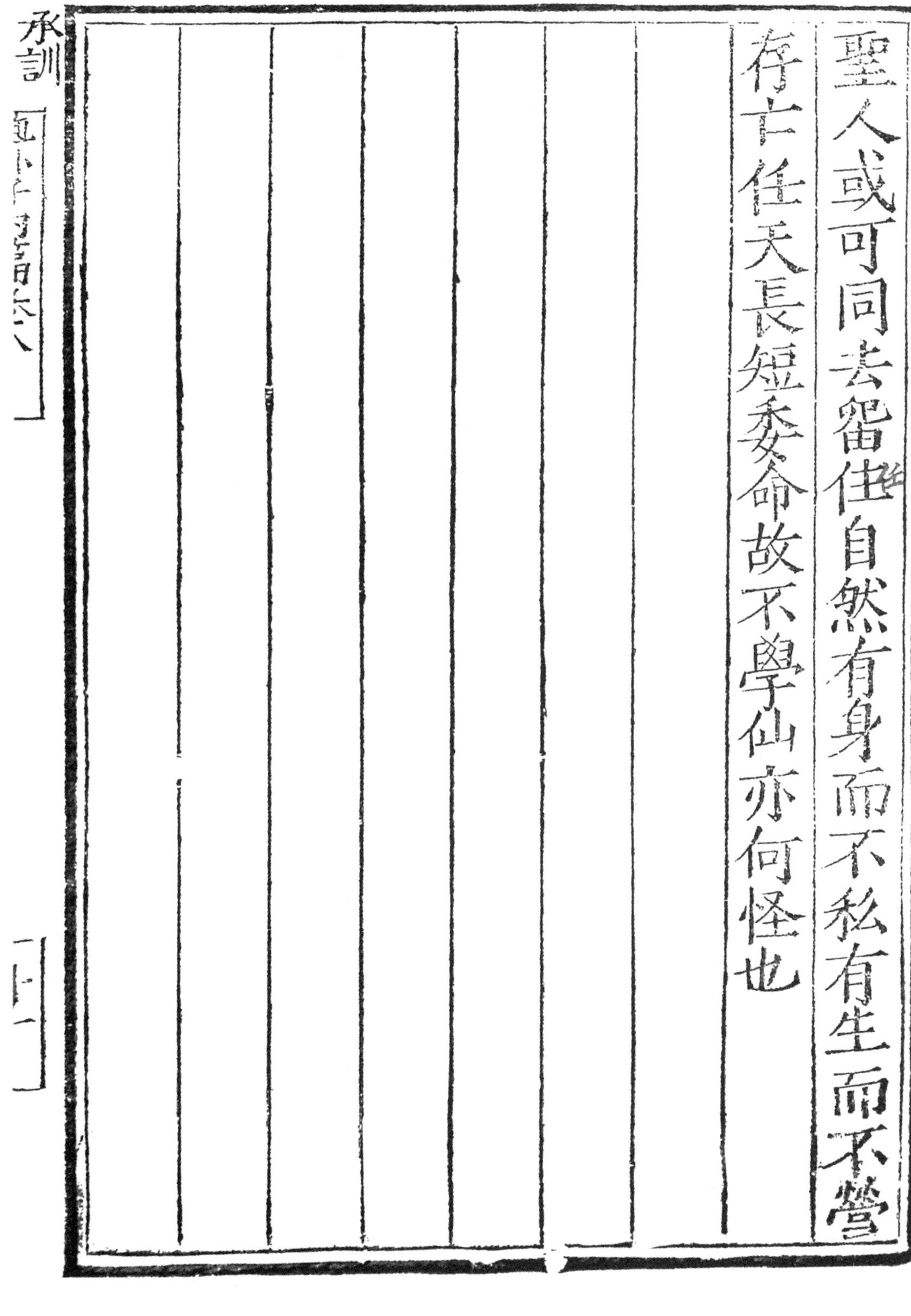

聖人或可同去留住自然有身而不私有生而不營存亡任天長短委命故不學仙亦何怪也

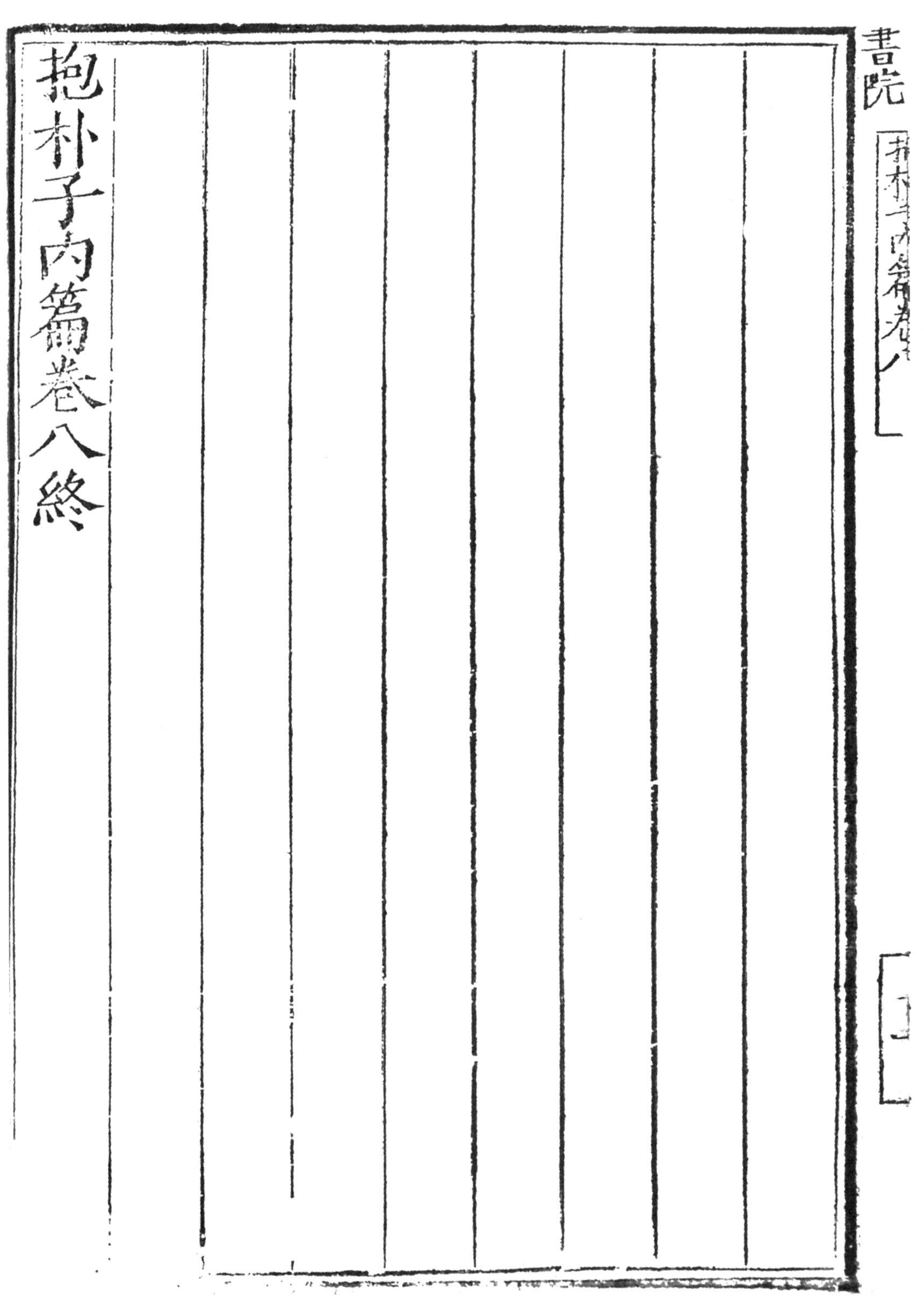

抱朴子內篇卷八終

抱朴子内篇卷九

晉丹陽葛洪稚川著

道意

抱朴子曰道者涵乾括坤其本無名論其無則影響猶爲有焉論其有則萬物猶爲無焉隷首不能計其多少離朱不能察其髣髴吳札晉野竭聰不能尋其音聲乎窈冥之内㺔狶㹞猪疾走不能迹其兆朕乎宇宙之外以言乎邇則周流秋毫而有餘焉以言乎遠則彌綸太虛而不足焉爲聲之聲爲響之響爲形

之形為影之影方者得之而靜圓者得之而動降者得之而俯昇者得之以仰強名為道已失其眞況乃復千割百判億分萬析使其姓號至於無垠去道遼遼不亦遠哉俗人不能識其太初之本而修其流淫之末人能淡默恬愉不染不移養其心以無欲頤其神以粹素掃滌誘慕收之以正除難求之思遣害眞之累薄喜怒之邪滅愛惡之端則不請福而福來不禳禍而禍去矣何者命在其中不繫於外道存乎此無俟於彼也患乎凡夫不能守眞無杜遏之檢括愛

嗜好之搖奪馳騁流遁有迷無反情感物而外起智接事而旁溢誘於可欲而天理滅矣惑乎見聞而純一遷矣心受制於奢玩神濁亂於波蕩於是有傾越之災有不振之禍而徒烹宰肥腯沃酹醪醴撞金伐革謳歌踴躍拜伏稽顙守靖虛坐求乞福願冀其必得至死不悟不亦哀哉若乃精靈困於煩擾榮衛消於役用煎熬形氣刻削天和勞逸過度而碎首請命變起膏肓而祭禱以求痊當風卧濕而謝罪於靈祇飲食失節而委禍於鬼魅蕞爾之體自貽茲患天地

神明号能濟焉其烹牲罄群何所補焉夫福非足恭所請也禍非禋祀所禳也若命可以重禱延疾可以豐祀除則富姓可以必長生而貴人可以無疾病也夫神不歆非族鬼不享淫祀皂隸之巷不能紆金銀之軒布衣之門不能動六轡之駕同為人類而尊卑兩絶況於天神緬邈清高其倫異矣貴亦極矣蓋非臭鼠之酒肴庸民之曲躬所能感降亦已明矣夫不忠不孝罪之大惡積千金之賂太牢之饌求令名於明主釋愆責於邦家以人釋人猶不可得況年壽難

獲於令名，篤疾難除於愆責，鬼神異倫，正直是與，冀其曲祐，未之有也。夫慙德之主，忍詬之臣，猶能賞善不須貸財，罰惡不任私情，必將修繩履墨，不偏不黨，豈況鬼神，過此之遠，不可以巧言動，不可以飾賂求，斷可識矣。楚之靈王，躬自為巫，靡愛斯牲，而不能却吳師之討也。漢之廣陵，敬奉李須，傾竭府庫，而不能救叛逆之誅也。孝文尤信鬼神，咸秩無文，而不能免五柞之殂。孫主貴待華鄉，封以王爵，而不能延命盡之期。非犧牲之不慱碩，非玉帛之不豐醲，信之非不欵敬之非不重有丘山之損無毫釐之益豈非失之於近而營之於遠乎第五公誅除妖道而既壽且貴宋廬江罷絕山祭而福祿永終文翁破水靈之廟而身吉民安魏武禁淫祀之俗而洪慶來假前事不妄將来之鑒也明德惟馨無憂者壽嗇寶不夭多慘用老自然之理外物何為若養之失和伐之不鮮百病緣隙而結榮衛竭而不悟大牢三牲曷能濟焉俗所謂率皆妖偽轉相誑惑久而彌甚既不能修療病之術又不能返其大迷不務藥石之救惟専祝祭之謬

祈禱無已問卜不倦巫祝小人妄說禍祟疾病危急唯所不聞聞輒修為損費不訾富室竭其財儲貧人假舉倍息田宅割裂以訖盡篋櫃倒裝而無餘或偶有自差便謂受神之賜如其死亡便謂鬼不見赦幸而誤活財產窮罄遂復飢寒凍餓而死或起為刼剽或穿窬斯濫喪身於鋒鏑之端自陷於醜惡之刑皆此之由也或什物盡於祭祀之費耗穀帛淪於貪濁之師巫既沒之日無復凶器之直衣衾之周使尸朽蟲流良可悼也愚民之蔽乃至於此哉淫祀妖邪禮

律所禁然而凡夫終不可悟唯宜王者更峻其法制犯無輕重致之大辟購慕巫祝不肯止者刑之無赦肆之市路不過少時必當絕息所以令百姓杜凍飢之源塞盜賊之萌非小惠也曩者有張角柳根王歆李申之徒或稱千歲假託小術坐在立亡變形易貌誑眩黎庶糾合群愚進不以延年益壽為務退不以消災治病為業遂以招集奸黨稱合逆亂不純自伏其辜或至殘滅良人或欺誘百姓以規財利錢帛山積富踰王公縱肆奢淫侈服玉食妓妾盈室管絃成

列刺客死士為其致用威傾邦君勢凌有司亡命逋逃因為窟藪背由官不糾治以臻斯患原其所由可為歎息吾徒匹夫雖見此理不在其位末如之何臨民官長疑其有神慮恐禁之或致禍祟假令頗有其懷而見之不了又非在職之要務殿最之急事而復是其愚妻頑子之所篤信左右小人並云不可阻之者衆本無至心而諫怖者異口同聲於是疑惑竟於莫敢令人振腕發憤者也余親見所識者數人了不奉神明一生不祈祭身享遐年名位巍巍子孫蕃昌

且富且貴也唯余亦無事於斯唯四時祀先人而已曾所遊歷水陸萬里道側房廟固以百許而往返經遊一無所過而車馬無傾覆之變涉水無風波之異屢值疫癘常得藥物之力頻冒矢石幸無傷刺之患益知鬼神之無能為也又諸妖道百餘種皆煞生血食獨有李家道無為為小差然雖不屠宰每供福食無有限劑市買所具務於豐泰精鮮之物不得不買或數十人廚費亦多矣復未純為清省也亦皆宜在禁絕之列或問李氏之道起於何時余答曰吳太帝

時蜀中有李阿者穴居不食傳世見之號為八百歲公人往往問事阿無所言但占問顏色若顏色欣然則事皆吉若顏容慘戚則事皆凶若阿含笑者則有大慶若微歎者即有深憂如此之候未曾一失也後一旦忽去不知所在後有一人姓李名寬到吳而蜀語能祝水治病頗愈於是遠近翕然謂寬為李阿因共呼之為李八百而實非也自公卿已下莫不雲集其門後轉驕貴不復得常見賓客但拜其外門而退其怪異如此於是避役之吏民依寬為弟子者恒近

千人而昇堂入室高業先進者不過得祝水及三部符導引日月行炁而已了無治身之要服食神藥延年駐命不死之法也吞氣斷穀可得百日以還亦不堪久此是其術至淺可知也余親識多有及見寬者皆云寬衰老羸悴起止咳噫目瞑耳聾齒墮髮白漸又昏耗或忘其子孫與凡人無異也然民復為寬故作無異以欺人豈其然乎吳曾有大疫死者過半寬所奉道室名之為廬寬亦得溫病託言入廬齋戒遂死於廬中而事寬者猶復謂之化形尸解之仙非為

真死也夫神仙之法所以與俗人不同者正以不老不死為貴耳今寬老則老矣死則死矣此其不得道居然可知矣又何疑乎若謂於仙法應尸解者何不且止民間一二百歲住年不死然後去乎天下非無仙道也寬但非其人耳余所以委曲論之者寬弟子轉相教受布滿江表動有千許不覺寬法之薄不足遵承而守之冀得度世故欲令人覺此而悟其滯迷耳天下有似是而非者實為無限將復略說故事以示後人之不解者昔汝南有人於田中設繩罥以捕

麞而去猶念取之不事其上有鮑魚者乃以一頭置罟中而去本主來於罟中得鮑魚恠之以為神不敢持歸於是村里聞之因共為起屋立廟號為鮑君後轉多奉之者丹楹藻梲鐘鼓不絕病或有偶愈者則謂有神行道經過莫不致祀焉積七八年鮑魚主後行過廟下問其故人具為之說其鮑魚主乃曰此是我鮑魚耳何神之有於是乃息又南頓人張助者耕白田有一李栽應在耕次助惜之欲持歸乃掘取之未得即去以濕土封其根以置空桑中遂忘取之助

後作遠職不在後其里中人見桑中忽生李謂之神有病目痛者蔭息此桑下因祝之言李君能令我目愈者謝以一㹠其目偶愈便殺㹠祭之傳者過差便言此樹能令盲者得見遠近翕然同來請福常車馬填溢酒肉滂沲如此數年張助罷職來還見之乃曰此是我昔所置李栽耳何有神乎乃斫去便止也又汝南彭氏墓近大道墓口有一石人田家老母到市買數片餅以歸天熱過蔭彭氏墓口樹下以所買之餅暫著石人頭上忽然便去而忘取之行路人見石

人頭上有餅恠而問之或人云此石上有神能治病愈者以餅來謝之如此轉以相語云頭痛者摩石人頭腹痛者摩石人腹亦還以自摩無不愈者遂千里來就石人治病初但雞肋後用牛羊為立帷帳管絃不絕如此數年忽日前忘餅毋聞之乃為人說始無復往者又洛西有古大墓穿壞多水墓中多石灰石灰汁主治瘡夏月行人有病瘡者煩熱見此墓中水清好因自洗浴瘡偶便愈於是諸病者聞之悉往自洗轉有飲之以治腹內疾者近墓居人便於墓所立

廟舍而賣此水而往買者又常祭廟中酒肉不絕而來買者轉多此水盡於是賣水者常夜竊他水以益之其遠道人不能往者皆因行使或持器遺信買之於是賣水者大富人或言無神官中禁止遂填塞之乃絕又興古太守馬氏在官有親故人投之求恤焉馬乃令此人出外住詐云是神人道士治病無不手下立愈又令辯士遊行為之虛聲云能令盲者登視躄者即行於是四方雲集趍之如市而錢帛固已積山矣又勑諸求治病者雖不便愈當告人言愈也如

此則必愈若告人未愈者則後終不愈也道法正爾不可不信於是後人問前來者前來輙告之云已愈無敢言未愈者也旬日之間乃致巨富焉凡人多以小黠而大愚聞延年長生之法皆為虚誕而喜信妖邪鬼怪令人鼓舞祈祀所謂神者皆馬氏誑人之類也聊記其數事以為未覺者之戒焉或問曰世有了無知道術方伎而平安壽考者何也抱朴子曰諸如此者或有隂德善行以致福祐或受命本長故令難老遲死或亦幸而偶爾不逢災傷譬猶田獵所經而

有遺禽殘獸大火既過時餘不燼草木也要於防身卻害當修守形之防禁佩天文之符劍耳祭禱之事無益也當恃我之不可侵也無恃鬼神之不侵我也然思玄執一含景環身可以辟邪惡度不祥而不能延壽命消體疾也任自然無方術者未必不有終其天年者也然不可以值暴鬼之橫枉大疫之流行則無以卻之矣夫儲甲冑蓄蓑笠者蓋以為兵為雨也若幸無攻戰時不沉陰則有與無正同耳若矢石霧合飛鋒煙交則知裸體者之困矣洪雨河傾素雪彌

天則覺路立者之劇矣不可以蕎萎之細碎疑陰陽之大氣以誤晚學之散人謂方術之無益也

抱朴子內篇卷九終

抱朴子內篇卷十

晉丹陽葛洪稚川著

明本

或問儒道之先後抱朴子答曰道者儒之本也儒者道之末也先以為陰陽之術衆於忌諱使人拘畏而儒者博而寡要勞而少功墨者儉而難遵不可偏修法者嚴而少恩傷破仁義唯道家之教使人精神專一動合無形包儒墨之善總名法之要與時遷移應物變化指約而易明事少而功多務在全大宗之朴

守眞正之源者也而班固以史遷先黃老而後六經謂遷爲謬夫遷之洽聞旁綜幽隱沙汰事物之臧否覈實古人之邪正其評論也實原本於自然其襃貶也皆準的乎至理不虛美不隱惡不雷同以偶俗劉向命世通人謂爲實錄而班固之所論未可遽（是）也固誠純儒不究道意翫其所習難以折中夫所謂道豈唯養生之事而已乎易曰立天之道曰陰與陽立地之道曰柔與剛立人之道曰仁與義又曰易有聖人之道四焉苟非其人道不虛行又於治世隆平則謂

之有道危國亂主則謂之無道又坐而論道謂之三公國之有道貧賤者耻焉凡言道者上自二儀下逮萬物莫不由之但黃老執其本儒墨治其末耳今世之舉有道者蓋博通乎今古能仰觀俯察歷變涉微達興亡之運明治亂之體心無所惑問無不對者何必修長生之法慕松喬之式者哉而管窺諸生臆斷瞽說聞有居山林之間宗伯陽之業者則毁而笑之曰彼小道耳不足筭也嗟乎所謂抱螢燭於環堵之內者不見天光之焜爛佀鮋鰕於跡水之中者不識

四海之浩汗重江河之深而不知吐之者崑崙也珍黍稷之收而不覺秀之者豐壤也今苟知推崇儒術而不知成之者由道道也者所以陶冶百氏範鑄二儀胞胎萬類醞釀彝倫者也世間淺近者衆而深遠者少少不勝衆其來久矣是以史遷雖長而不見譽班固雖短而不見彈然物以少者為貴多者為賤至於人事豈獨不然故藜藿彌原而芝英不世枳棘被野而尋木間秀沙礫無量而珠璧甚尠鴻隼屯飛而鸞鳳罕出虺蜴盈藪而虬龍希覿班生多黨固其宜

也夫道者內以治身外以為國能令七政遵度二氣告和四時不失寒燠之節風雨不為暴物之災玉燭表昇平之徵澄醴彰德洽之符焚輪虹霓寢其袄頹雲商羊戢其翼景耀高照嘉禾畢遂疫癘不流禍亂不作塹壘不設干戈不用不議而當不約而信不結而固不謀而成不賞而勸不罰而肅不求而得不禁而止處上而人不以為重居前而人不以為患號未發而風移令未施而俗易此蓋道之治世也故道之興也則三五垂拱而有餘焉道之衰也則叔代馳騖

而不足焉夫唯有餘故無為而化美夫唯不足故刑嚴而姧繁黎庶怨於下皇靈怒於上洪波橫流或亢陽赤地或山谷易體或冬雷夏雪或流血飄櫓積尸築京或坑降萬計析骸易子城愈高而衝愈巧池愈深而梯逾妙法令明而盜賊多盟約數而叛亂甚猶風波駭而魚鱉擾於淵纖羅密而羽禽躁於澤豺狼衆而走獸劇於林爨火猛而小鮮糜於鼎也君臣易位者有矣父子推刃者有矣然後忠義制名於危國孝子收譽於敗家疾疫起而巫醫貴矣道德喪而儒

墨重矣由此觀之儒道之先後可得定矣或問曰昔赤松子王喬琴高老氏彭祖務成鬱華皆真人悉仕於世不便遐遁而中世以來為道之士莫不飄然絕跡幽隱何也抱朴子答曰曩古純朴巧偽未萌其明信道者則勤而學之其不信者則嘿然而已謗毀之言不吐乎口中傷之心不存乎胸也是以真人徐徐於民間不促促於登遐耳末俗偷薄雕偽彌深玄淡之化廢而邪俗之黨繁既不信道好為訕毀謂真正為妖訛以神仙為誕妄或曰惑衆或曰亂群是以上

士耻居其中也昔之達人杜漸防微色斯而逝夜不待旦覩幾而作不俟終日故趙害鳴犢而仲尼旋軫醴酒不設而穆生星行彼衆我寡華元去之況乎明哲業尚本異有何戀之當住其間哉夫淵竭池漉則蛟龍不游巢傾卵拾則鳳凰不集居言于室而翔鷗不下凡卉春剪而芝蕢不秀世俗醜正慢辱將臻彼有道者安得不超然振翅乎風雲之表而翩爾藏軌於玄漠之際乎山林之中非有道也而為道者必入山林誠欲遠彼腥膻而即此清淨也夫入九室以精

思存眞一以招神者旣不喜諠譁而合汚穢而合金丹之大藥鍊八石之飛精者尤忌利口之愚人忌凡俗之聞見明靈爲之不降仙藥爲之不成非小禁也止於人中或有淺見毁之有司加之罪福或有親舊之往來牽之以慶弔莫若幽隱一切免於如此之臭鼠矣彼之邈爾獨往得意嵩岫豈不有以乎或云上士得道於三軍中士得道於都市下士得道於山林此皆爲仙藥已成未欲昇天雖在三軍而鋒刃不能傷雖在都市而人禍不能加而下士未及於此故止

山林耳不謂人之在上品者初學道當止於三軍都市之中而得也然則黄老可以至今不去也或問曰道之為源本儒之為末流既聞命矣今之小異悉何事乎抱朴子曰夫升降俯仰之教盤旋三千之儀攻守進趣之術輕身重命之節歡憂禮樂之事經世濟俗之略儒者之所務也外物棄智滌蕩機變忘富逸貴杜遏勸沮不恤乎窮不榮乎達不戚乎毀不悦乎譽道家之業也儒者祭祀以祈福而道者履正以禳邪儒者所愛者勢利也道家所寶者無欲也儒者汲

汲於名利而道家抱一以獨善儒者所講者相研之簿領也道家所習者遣情之教戒也夫道者無為也善自修以成務其居也善取人所不爭其治也善絶禍於未起其施也善濟物而不德其動也善觀民以用心其靜也善居慎而無悶此所以為百家之君長仁義之祖宗也小異之理其較如此首尾汙隆末之變也或曰儒者周孔也其籍則六經也蓋治世存正之所由也立身舉動之準繩也其用遠而業貴其事大而辭美有國有家不易之制也為道之士不營禮

教不顧大倫侶狐貉於草澤之中偶猿猱於林麓之間魁然流㯖與木石爲鄰此亦東走之迷忘葵之甘也抱朴子荅曰摛華騁艷質直所不尚攻蒙救惑疇昔之所饜誠不欲復與子較物理之善否校得失於機吻矣然觀孺子之墜井非仁者之意視瞽人之觸柱非兼愛之謂耶又陳梗槩粗抗一隅夫體道以匠物寶德以長生者黄老是也黄帝旣治世致太平而又昇仙則未可謂之後於堯舜也老子旣兼綜理教而又久視則未可謂之爲減周孔也故仲尼有竊比

之歎未聞有疵毁之辭而末世庸民不得其門修儒墨而毁道家何異子孫而駡詈祖考哉是不識其所自來亦已甚矣夫侏儒之手不足以傾嵩華焦僥之脛不足以測滄海每見凡俗守株之儒營營所習不博達理告頑令嚚崇飾惡言誣詰道家説糟粕之滓則若覩駿馬之過隙也涉精神之淵則淪溺而自失也猶斥鷃之揮短翅以凌陽侯之波猶鱦力駑質以涉駒日一作猿之峻非其所堪祇足速困然而嘍嘍守於局隘聦不經曠明不徹離而欲企踵以包三光鼓

腹以奮雷霆不亦蔽乎蓋登旋璣之耿邈則知井谷之至卑覩大明之麗天乃知鷦金之可陋吾非生而知之又非少而信之始者蒙蒙亦如子耳既觀奥秘之弘修而根離困之不早也五經之事注說炳露初學之徒猶可不鮮豈況金簡玉札神仙之經至要之言又多不書登壇歃血乃傳口訣苟非其人雖裂地連城金璧滿堂不妄以示之夫指深歸遠雖得其書而不師受猶仰不見首俯不知根豈吾子所詳悉哉夫得仙者或昇太清或翔紫霄或造玄洲或棲板或作

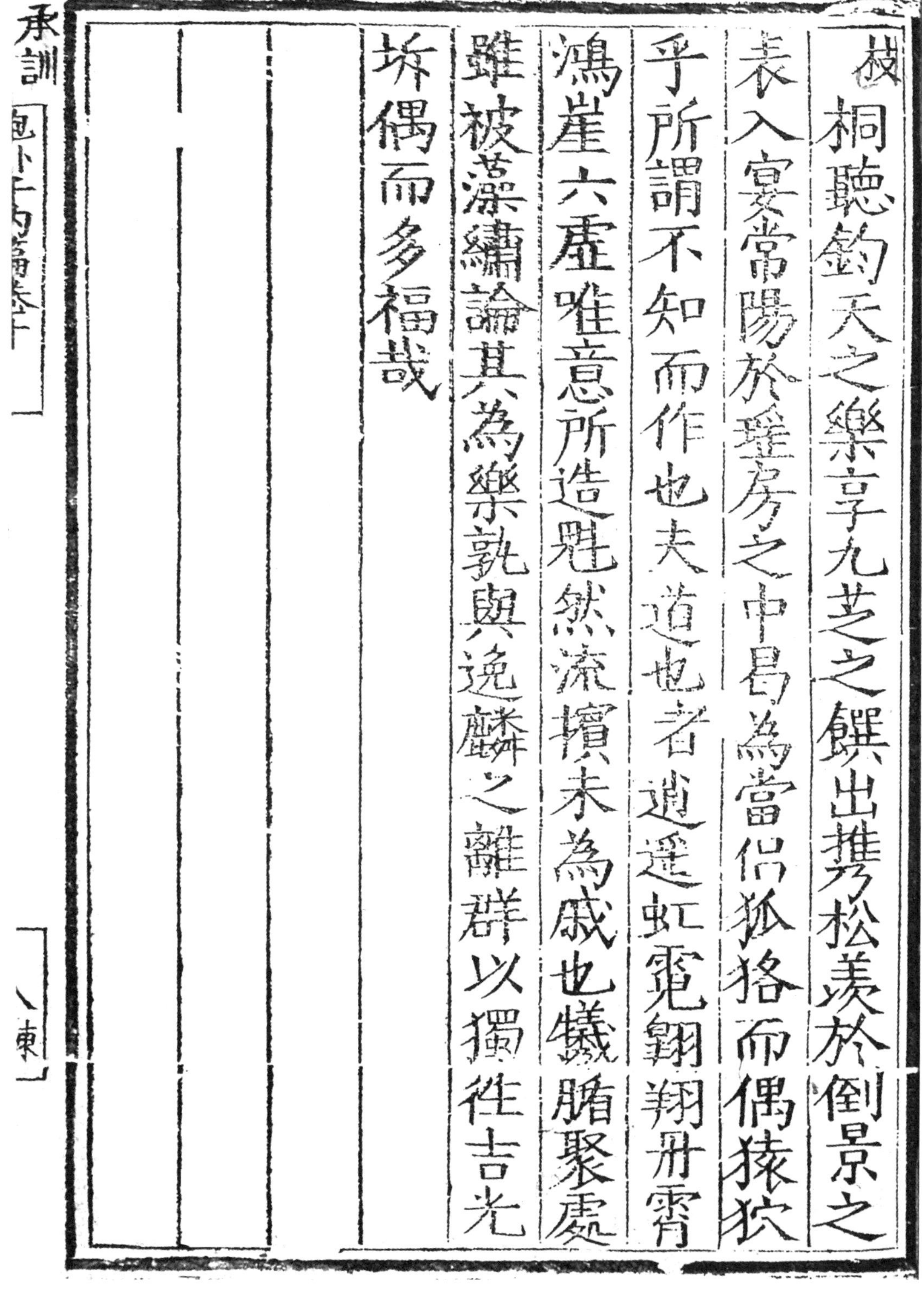

哉桐聽鈞天之樂享九芝之饌出攜松羡於倒景之表入宴常陽於瑤房之中曷為當侶狐狢而偶猿狖乎所謂不知而作也夫道也者逍遙虹霓翱翔丹霄鴻崖六虛唯意所造魁然流擯未為戚也犧腯聚處雖被藻繡論其為樂孰與逸麟之離群以獨往吉光坼偶而多福哉

抱朴子内篇卷十終

抱朴子內篇卷十一

晉丹陽葛洪稚川著

仙藥

抱朴子曰神農四經曰上藥令人身安命延昇天神遨遊上下使役萬靈體生毛羽行廚立至又曰五芝及餌丹砂玉札曾青雄黃雌黃雲母太乙禹餘粮各可單服之皆令人飛行長生又曰中藥養性下藥除病能令毒虫不加猛獸不犯惡氣不行衆妖併辟又孝經援神契曰椒薑禦濕菖蒲益聰巨勝延年威喜

辟兵皆上聖之至言方術之實錄也明文炳然而世人終於不信可歎息者也仙藥之上者丹砂次則黃金次則白銀次則諸芝次則五玉次則雲母次則明珠次則雄黃次則太乙禹餘糧次則石中黃子次則石桂次則石英次則石腦次則石硫黃次則石飴次則曾青次則松栢脂茯苓地黃麥門冬木巨勝重樓黃連石韋楮實象柴一名純盧是也或名仙人杖或云西王母杖或名天精或名却老或名地骨或名苟杞也天門冬或名地門冬或名莚門冬或名巔棘或

名滛羊食或名管松其生高地根短而味甜氣香者善其生水側下地者葉細似藴而微黄根長而味多苦氣臭者下亦可服食然喜令人下氣爲益又遲也服之百日皆丁壯倍駛於术及黄精也入山便可蒸若煮啖之取足可以斷穀若有力可餌之亦可作散并及絞其汁作酒以服散尤甚佳楚人呼天門冬爲百部然自有百部草其根俱有百許相似如一也而其苗小異也真百部苗似拔揳唯中以治欬及殺蝨耳不中服食不可誤也如黄精一名白及而實非中以

作糊之白及也按本草藥之與他草同名者甚多唯精博者能分別之不可不詳也黃精一名兔竹一名救窮一名垂珠服其花勝其實服其實勝其根但花難多得得其生花十斛乾之纔可得五六斗耳而服之日可三合非大有役力者不能辨也服黃精僅十年乃可大得其益耳俱以斷穀不及朮朮餌令人肥健可以負重涉險但不及黃精甘美易食凶年可以與老小休粮人不能別之謂為米脯也五芝者有石芝有木芝有草芝有肉芝有菌芝各有百許種也石芝

者石象芝生於海隅名山及島嶼之涯有積石者其狀如肉象有頭尾四足者良似生物也附於大石喜在高岫嶮峻之地或却著仰綴也赤者如珊瑚白者如截肪黑者如澤漆青者如翠羽黃者如紫金而皆光明洞徹如堅氷也晦夜去之三百步便望見其光矣大者十餘斤小者三四斤非久齋至精及佩老子入山靈寶五符亦不能得見此輩也凡見諸芝且先以開山却害符置其上則不得復隱蔽化去矣徐徐擇王相之日設醮祭以酒脯祈而取之皆從日下禹

歩閉氣而往也又若得石象芝擣之三萬六千杵服方寸七日三盡一斤則得千歲十斤則萬歲亦可分人服也又玉脂芝生於有玉之山常居懸危之處玉膏流出萬年已上則凝而成芝有似鳥獸之形色無常采率多似山玄水蒼玉也亦鮮明如水精得而末之以無心草汁和之須臾成水服一升得一千歲也七明九光芝皆石也生臨水之高山石崖之間狀如盤椀不過徑尺以還有莖蔕連綴之起三四寸有七孔者名七明九孔者名九光光皆如星百餘歩内夜

皆望見其光其光自别可散不可合也常以秋分伺之得之擣服方寸匕入口則翕然身熱五味甘美盡一斤則得千歲令人身有光所居暗地如月可以夜視也石蜜芝生少室石户中户中便有深谷不可得過以石投谷中半日猶聞其聲也去户外十餘丈有石柱柱上有偃蓋石高度徑可一丈許望見蜜芝從石户上墮入偃蓋中良久輙蓋亦終不溢也户上刻石為科斗字曰得服石蜜芝一斗者壽萬歲諸道士共思惟其處不可得往唯當以椀器著勁竹木端以

承取之然竟未有能爲之者按此石户上刻題如此前世必已有得之者也石桂芝生名山石穴中似桂樹而實石也高尺許大如徑尺光明而味辛有枝條擣服之一斤得千歲也石中黄子所在有之沁水山爲尤多其在大石中則其石常潤濕不燥打其石有數十重乃得之在大石中赤黄溶溶如鷄子之在其殼中也即當飲之不飲則堅凝成石不復中服也法正當及未堅時飲之既凝則應末服也破一石中多者有一升少者有數合可頓服也雖不得多相繼服

之甚計前所服合成三升壽則千歲但欲多服唯患難得耳石腦芝生滑石中亦如石中黃子狀但不皆有耳打破大滑石千許乃可得一枚初破之其在石中五色光明而自動服一升得千歲矣石硫黃芝五岳皆有而箕山爲多其方言許由就此服之而長生故不復以富貴累意不受堯禪也名硫丹者石之赤精蓋石硫黃之類也皆浸溢於崖岸之間其濡濕者可丸服其已堅者可散服如此有百二十皆石芝也事在太乙玉策及昌宇字一作內記不可具稱也及夫

木芝者松栢脂淪入地千歲化為茯苓茯苓萬歲其上生小木狀似蓮花名曰木威喜芝夜視有光持之甚滑燒之不然帶之辟兵以帶雞而雜以他雞十二頭共籠之去之十二步射十二箭他雞皆傷帶威喜芝者終不傷也從生門上採之於六甲陰乾之百日末服方寸匕日三盡一枚則三千歲也千歲之栝木其下根如坐人長七寸刻之有血以其血塗足下可以步行水上不沒以塗人鼻以入水水為之開可以止住淵底也以塗身則隱形欲見則拭之又可以治

病病在腹内刮服一刀圭其腫痛在外者隨其所在刮一刀圭其腫痛所在以摩之皆手下即愈假令左足有疾則刮射人之左足也又刮以雜巨勝爲燭夜遍照地下有金玉寶藏則光變青而下垂以揷掘之可得也末之服盡十斤則千歲也又松樹枝三千歲者其皮中有聚脂狀如龍形名曰飛節芝大者重十斤末服之盡十斤得五百歲也又有樊桃芝其木如升龍其花葉如丹羅其實如翠鳥高不過五尺生於名山之陰東流泉水之上以立夏之候伺之得而

末服之盡一株得五千歲也參成芝赤色有光扣之枝葉如金石之音折而續之即復如故木渠芝寄生大木上如蓮花九莖一叢其味甘而辛建木芝實生於都廣其皮如纓蛇其實如鸞鳥此三芝得服之白日昇天也黃盧子尋木華玄液華此三芝生於泰山要鄉及奉高有得而服之皆令人壽千歲黃櫱檀桓芝者千歲黃櫱木下根有如三斛器去本株一二丈以細根相連狀如縷得末而服之盡一枚則成地仙不死也此輩復百二十種自有圖也草芝有獨搖芝

無風自動其莖大如手指赤如丹素葉似莧其根有大魁如斗有細者如雞子十二枚周繞大根之四方如十二辰也相去丈許皆有細根如白髮以相連生高山深谷之上其所生左右無草得其大魁末服之盡則得千歲服其細者一枚百歲可以分他人也懷其大根即隱形欲見則左轉而出之牛角芝生虎壽山及吳坂上狀似葱特生如牛角長三四尺青色末服方寸匕日三至百日則得千歲矣龍仙芝狀似昇龍之相負也以葉為鱗其根則如蟠龍服一枚則得

千歲矣麻母芝似麻而莖赤色花紫色珠芝其花黃其葉赤其實如李而紫色二十四枝輒相連而垂如貫珠也白符芝高四五尺似梅常以大雪而花季冬而實朱草芝九曲曲有三葉葉有三實也五德芝狀似樓殿莖方其葉五色各具而不雜上如偃蓋中常有甘露紫氣起數尺矣龍銜芝常以仲春對生三節十二枝下根如坐人凡此草芝又有百二十種皆陰乾服之則令人與天地相畢或得千歲二千歲肉芝者謂萬歲蟾蜍頭上有角頷下有丹書八字體重以

五月五日中時取之陰乾百日以其左足畫地即為流水帶其左手於身辟五兵若敵人射已者弓弩矢皆反還自向也千歲蝙蝠色白如雪集則倒懸腦重故也此二物得而陰乾末服之令人壽四萬歲千歲靈龜五色具焉其雄額上兩骨起似角以羊血浴之乃剔取其甲火炙擣服方寸匕日三盡一具壽千歲行山中見小人乘車馬長七八寸者肉芝也捉取服之即仙矣風生獸似貂青色大如貍生於南海大林中張網取之積薪數車以燒之薪盡而此獸在灰中

不然其毛不燋斫刺不入打之如皮囊以鐵鎚鍛其頭數千十或作下乃死死而張其口以向風須臾便活而起走以石上菖蒲塞其鼻即死取其腦以和菊花服之盡十斤得五百歲也又千歲鷰其窠戶北向其色多白而尾掘取陰乾末服一頭五百歲凡此又百二十種此皆肉芝也菌芝或生深山之中或生大木之下或生泉之側其狀或如宮室或如車馬或如龍虎或如人形或如飛鳥五色無常亦百二十種自有圖也皆當禹步往採取之刻以骨刀陰乾末服方寸

七令人昇仙中者數千歲下者千歲也欲求芝草入名山必以三月九月此山開出神藥之月也勿以山佷日必以天輔時三奇會尤佳出三奇吉門到山須六陰之日明堂之時帶靈寶符牽白犬抱白雞以白鹽一斗及開山符檄著大石上執吳唐草（或作花）一把以入山山神喜必得芝也又採芝及服芝欲得王相專和之日支干上下相生為佳此諸芝名山多有之但凡庸道士心不專精行穢德薄又不曉入山之術雖得其圖不知其狀亦終不能得也山無大小皆有

鬼神其神鬼不以芝與人人則雖踐之不可見也又雲母有五種而人多不能分別也法當舉以向日看其色詳占視之乃可知耳正爾於陰地視之不見其雜色也五色並具而多青者名雲英宜以春服之五色並具而多赤者名雲珠宜以夏服之五色並具而多白者名雲液宜以秋服之五色並具而多黑者名雲母宜以冬服之但有青黃二色者名雲沙宜以季夏服之皛皛純白名磷石可以四時長服之也服五雲之法或以桂葱水玉化之以爲水或以露於鐵器

中以玄水熬之為水或以硝石合於筒中埋之為水或以蜜搜爲酪或以秋露漬之百日韋囊挻以為粉或以無巔草樗血合餌之服之一年則百病愈三年老公反成童子五年則役使鬼神入火不燒入水不濡踐棘不傷與仙人相見又他物埋之即朽燒之即燋而五雲以内猛火中經時終不然埋之永不腐敗故能令人長生也又云服之十年雲氣常覆其上服其毋以致其子理自然也又向日看之晻晻純黑色起者不中服令人病淋發瘡雖水餌之皆當先以茅

屋霤水若東流水露水漬之百日淘汰去其土石乃可用耳中山衛叔卿服之積久能乘雲而行以其方封之玉匣之中仙去之後其子名世及漢使者梁伯得而按方合服皆得仙去又雄黄當得武都山所出者純而無雜其赤如雞冠光明曄曄者乃可用耳其但純黄似雄黄色無赤光者不任以作仙藥可以合理病藥耳餌服之法或以蒸煑之或以酒餌或先以硝石化為水乃凝之或以玄胴腸裹蒸之於赤土下或以松脂和之或以三物鍊之引之如布白如氷服

之皆令人長生百病除三尸下瘢痕滅白髮黑墮齒生千日則玉女來侍可得役使以致行厨又玉女常以黃玉為誌大如黍米在鼻上是真玉女也無此志者鬼試人耳玉亦仙藥但難得耳玉經曰服金者壽如金服玉者壽如玉也又曰服玄真者其命不極玄真者玉之别名也令人身飛輕舉不但地仙而已然其道遲成服一二百斤乃可知耳玉可以烏米酒及地榆酒化之為水亦可以葱漿消之為粭亦可餌以爲丸亦可燒以為粉服之一年已上入水不霑入火

不灼刃之不傷百毒不犯也不可用已成之器傷人
無益當得璞玉乃可用也得于闐國白玉尤善其次
有南陽徐善亭部界中玉及日南盧容水中玉亦佳
赤松子以玄蟲血漬玉為水而服之故能乘煙上下
也玉屑服之與水餌之俱令人不死所以為不及金
者令人數數發熱似寒食散狀也若服玉屑者宜十
日輒一服雄黃丹砂各一刀圭散髮洗沐寒水迎風
而行則不發熱也董君異嘗以玉醴與盲人服之目
旬日而愈有吳延稚者志欲服玉得玉經方不具了

不知其節度禁忌乃招合得招一作始珪璋環璧及校一作裝劔所用甚多欲餌治服之後余為說此不中用乃歎息曰事不可不精不但無益乃幾作禍也又銀但不及金玉耳可以地仙也服之法以麥漿化之亦可以朱草酒餌之亦可以龍膏鍊之然三服輙大如彈丸者又非清貧道士所能得也又真珠徑一寸以上可服服之可以長久酪漿漬之皆化如水銀亦可以浮石水蜂窠化包彤蛇黃合之可引長三四尺丸服之絶穀服之則不死而長生也淳漆不沾者服之令

人通神長生餌之法。或以大無腸公子或云大蟹十枚投其中或以雲毋水或以玉水合服之九蟲悉下惡血從鼻去一年六甲行廚至也桂可以葱涕合蒸作水可以竹瀝合餌之亦可以先知君腦或云龜和服之七年能步行水上長生不死也巨勝一名胡麻餌服之不老耐風濕補衰老也桃膠以桑灰汁漬服之百病愈久服之身輕有光明在晦夜之地如月出也多服之則可以斷穀柠一作楮木實之赤者餌之一年老者還少令人徹視見鬼昔道士梁須年七十乃服之轉更少至年百四十歲能夜書行及奔馬後入青龍山去槐子以新甕合泥封之二十餘日其表皮皆爛乃洗之如大豆日服之此物主補腦久服之令人髮不白而長生玄中蔓方楚飛廉澤瀉地黃黃連之屬凡三百餘種皆能延年可單服也靈飛散未央丸制命丸羊血丸皆令人駐年却老也南陽酈縣山中有甘谷水谷水所以甘者谷上左右皆生甘菊菊花墮其中歷世彌久故水味為變其臨此谷中居民皆不穿井悉食甘谷水食者無不老壽高者百四五

十歲下者不失八九十無夭年人得此菊力也故司空王暢太尉劉寬太傅袁隗皆為南陽太守每到官常使酈縣月送甘谷水四十斛以為飲食此諸公多患風痺及眩冒皆得愈但不能大得其益如甘谷上居民生小便飲食此水者耳又菊花與薏花相似直以甘苦別之耳菊甘而薏苦諺言所謂苦如薏者也今所在有真菊但為少耳率多生於水側緱氏山與酈縣最多仙方所謂日精更生周盈皆一菊而根莖花實異名其說甚美而近來服之者略無效正由不

得真菊也夫甘谷水得菊之氣味亦何足言而其上居民皆以延年况將復好藥安得無益乎余亡祖鴻臚少卿曾爲臨沅令云此縣有廖氏家世世壽考或出百歲或八九十後徙去子孫轉多夭折他人居其故宅復如舊後累世壽考由此乃覺是宅之所爲而不知其何故疑其井水殊赤乃試掘井左右得古人埋丹砂數十斛去數尺此丹砂汁因泉漸入井是以飲其水而得壽况乃餌鍊丹砂而服之乎余又聞上黨有趙瞿者病癩歷年衆治之不愈垂死或云不及

活流棄之後子孫轉相注易其家乃賫糧將之送置山穴中瞿在穴中瞿自怨不幸晝夜悲歎涕泣經月有仙人行經過穴見而哀之具問訊之瞿知其異人乃叩頭自陳乞哀於是仙人以一囊藥賜之教其服法瞿服之百許日瘡都愈顔色豐悅肌膚玉澤仙人又過視之瞿謝受更生活之恩乞丐其方仙人告之曰此是松脂耳此山中便多此物汝鍊之服可以長生不死瞿乃歸家家人初謂之鬼也甚驚愕瞿遂長服松脂身體轉輕氣力百倍登危越險終日不極年

百七十歲齒不墮髮不白夜卧忽見屋間有光大如鏡着以問左右皆云不見久而漸大一室盡明如晝日又夜見面上有綵女二人長二三寸面體皆具但爲小耳遊戲其口鼻之間如是且一年此女漸長大出在其側又常聞琴瑟之音欣然獨笑在人間三百許年色如少童乃入抱犢山去必地仙也余時聞瞿服松脂如此於是竟服其多役力者乃車運驢負積之盈室服之遠者不過一月未覺大有益輒止有志者難得如是也又漢成帝時獵者於終南山中見一

人無衣服身生黑毛獵人見之欲逐取之而其人踰坑越谷有如飛騰不可逮及於是乃密伺候其所在合圍得之定是婦人問之言我本是秦之宮人也聞關東賊至秦王出降宮室燒燔驚走入山飢無所食垂餓死有一老翁教我食松葉松實當時苦澁後稍便之遂使不飢不渴冬不寒夏不熱計此女定是秦王子嬰宮人至成帝之世三百許歲乃將歸以穀食之初聞穀臭嘔吐累日乃安如是二年許身毛乃脫落轉老而死向使不為人所得便成仙人矣南陽文

氏說其先祖漢末大亂逃去山中飢困欲死有一人教之食朮遂不能飢數十年乃來還鄉里顏色更少氣力勝故自說在山中時身輕欲跳登高履險歷日不極行氷雪中了不知寒常見一高巖上有數人對坐博戲者有讀書者俛而視文氏因閱其相問言此子中呼上否其一人答言未可也朮一名山薊一名山精故神藥經曰必欲長生常服山精昔仙人八公各服一物以得陸仙各數百年乃合神丹金液而昇太清耳人若合八物鍊而服之不得其力是其藥力

有轉相勝畏故也韓終服菖蒲十三年身生毛日視書萬言皆誦之冬袒不寒又菖蒲生須得石上一寸九節已上紫花者尤善也趙他子服桂二十年足下生毛日行五百里力舉千斤移門子服五味子十六年色如玉女入水不霑入火不灼也楚文子服地黄八年夜視有光手上車弩也林子明服朮十一年耳長五寸身輕如飛能超踰淵谷二丈許杜子微服天門冬御八十妾有子百三十人日行三百里任子季服茯苓十八年仙人玉女往從之能隱能彰不復食

穀灸瘢皆滅面體玉光陵陽子仲服遠志二十年有子三十七人開書所視不忘坐在立亡仙經曰雖服草木之葉已得數百歲忽怠於神丹終不能仙以此論之草木延年而已非長生之藥可知也未得作丹且可服之以自撑持耳或問服食藥物有前後之宜乎抱朴子答曰按中黃子服食節度云服治病之藥以食前服之養性之藥以食後服之吾以咨鄭君何以如此鄭君言此易知耳欲以藥攻病既宜及未食內虛令藥力勢易行若以食後服之則藥但攻穀而

力盡矣若欲養性而以食前服藥則力未行而被穀驗之下去不得止無益也或問曰人服藥以養性云有所宜有諸乎抱朴子答曰按玉策記及開明經皆以五音六屬知人年命之所在子午屬庚卯酉屬己寅申屬戊丑未屬辛辰戌屬丙巳亥屬丁一言得之者宫與土也三言得之者徵與火也五言得之者羽與水也七言得之者商與金也九言得之者角與木也若本命屬土不宜服青色藥屬金不宜服赤色藥屬木不宜服白色藥屬水不宜服黄色藥屬火不宜

服黑色藥，以五行之義，木尅土，土尅水，水尅火，火尅金，金尅木故也。若金丹大藥，不復論宜與不宜也。

一言宮　庚子庚午　辛未辛丑　丙辰丙戌

丁亥丁巳　戊寅戊申　己卯己酉

三言徵　甲辰甲戌　乙亥乙巳　丙寅丙申

丁酉丁卯　戊午戊子　己未己丑

五言羽　甲寅甲申　乙卯乙酉　丙子丙午

丁未丁丑　壬辰壬戌　癸巳癸亥

七言商　甲子甲午　乙丑乙未　庚辰庚戌

辛巳辛亥　壬申壬寅　癸卯癸酉

九言角　戊辰戊戌　己巳己亥　庚寅庚申

辛卯辛酉　壬午壬子　癸丑癸未

禹步法　前舉左　右過左　左就右

次舉右　左過右　右就左

次舉右　右過左　左就右

如此三步當滿二丈一後有九跡小神方用真丹三斤白蜜一斤合和日曝煎之令可丸旦服如麻子十丸未一年髮白更黑齒墮更生身體潤澤長服之老

翁還成少年常服長生不死也小餌黃金方火銷金內清酒中二百出二百入即沸矣握之出指間令如泥若不沸及握之不出指間即復銷之內酒中無數也成復如彈丸一枚亦可汁一丸外為小丸服三十日無寒溫神人玉女下之下銀亦可餌與金同法服此二物可居名山石室中一年即輕舉矣人間服之名地仙勿妄傳也兩餌銷黃金法猪負革方脂三斤醇苦酒一斗取黃金五兩置器中煎之出爐以金置中百入百出苦酒亦示飡一斤金獘天地食半斤金

壽二千歲五兩千二百歲無多少便可餌之當以王相之日作之神良勿傳人傳人藥成不神也欲食去尸藥當服丹砂餌丹砂法丹砂一斤擣下從苦酒三升淳漆二升一本和蜜二升凡三物合令相得微火上煎之令可丸服如麻子三丸日再四十日腹中百病愈三尸去服之百日肌骨堅強服之千日司命削死籍與天地相保日月相望改形易容變化無常日中無影乃別無光矣

抱朴子內篇卷十一終

抱朴子內篇卷十二

晉丹陽葛洪稚川著

辨問

或問曰若仙必可得聖人已修之矣而周孔不為之者是無此道可知也抱朴子答曰夫聖人不必仙仙人不必聖聖人受命不值長生之道但自欲除殘去賊夷險平暴制禮作樂著法垂教移不正之風易流遁之俗匡將危之主扶亡徵之國刊詩書撰河洛著經誥和雅頌訓童蒙應聘諸國突無凝煙席不暇煖

其事則鞅掌罔極窮年無已亦焉得閉聰掩明內視反聽呼吸道引長齋久潔入室煉形登山採藥數息思神斷穀清腸哉至於仙者唯須篤志至信勤而不怠能恬能靜便可得之不待多才也有入俗之高眞乃爲道者之重累也得合一大藥知一養神之要則長生久視豈若聖人所修爲者云云之無限乎且夫俗所謂聖人者皆治世之聖人非得道之聖人得道之聖人則黄老是也治世之聖人則周孔是也黄帝先治世而後登山此是偶有能兼之才者也古之帝

王刻於泰山可省讀書者七十二家其餘磨滅者不可勝數而獨記黃帝仙者其審然可知也世人以人所尤長衆所不及者便謂之聖故善圍棊之無比者則謂之棊聖故嚴子卿馬綏明于今有棊聖之名焉善史書之絕時者則謂之書聖故衛協張墨于今為書聖之名焉善刻削之尤巧者則謂之木聖故張衛馬忠于今有木聖之名焉故孟子謂伯夷清之聖者也吾試演而論之則聖非一事夫班秋倕狄機械之聖也附扁和緩治疾之聖也子韋甘均占候之聖也

史蘇辛廖卜筮之聖也夏育杜回筋力之聖也荆軻聶政勇敢之聖也飛廉夸父輕速之聖也子野延州知音之聖也孫吳韓白用兵之聖也聖者人事之極號也不獨於文學而已矣莊周云盜有聖人之道五焉妄意而知人之藏者明也先入而不疑者勇也後出而不懼者義也知可否之宜者知也分財均同者仁也不得此道而成天下大盜者未之有也或曰聖人之道不得枝分葉散必總而兼之然後為聖余答之曰孔子門徒達者七十二而各得聖人之一體是

聖事有剖判也又云顏淵具體而微是聖事有厚薄也又易曰有聖人之道四焉以言者尚其辭以動者尚其變以制器者尚其象以卜筮者尚其占此則聖道可分之明證也何爲善於道德以致神仙者獨不可謂之爲得道之聖苟不有得道之聖則周孔不得爲治世之聖乎既非一矣何以當責使相兼乎按仙經以爲諸得仙者皆其受命偶值神仙之氣自然所稟故胞胎之中已含信道之性及其有識則心好其事必遭明師而得其法不然則不信不求求亦不得

也玉鈐云主命原由人之吉凶制在結胎受氣之日皆上得列宿之精其值聖宿則聖值賢宿則賢值文宿則文值武宿則武值貴宿則貴值富宿則富值賤宿則賤值貧宿則貧值壽宿則壽值仙宿則仙又有神仙聖人之宿有治世聖人之宿有兼二聖之宿有貴而不富之宿有富而不貴之宿有兼富貴之宿有先富後貧之宿有先貴後賤之宿有兼貧賤之宿有富貴不終之宿有忠孝之宿有兇惡之宿如此不可具載其較畧如此為人生本有定命張車子之說是

也苟不受神仙之命則必無好仙之心未有心不好之而求其事者也未有不求而得之者也自古至今有高才明達而不信有仙者有平平許人學而得仙者甲雖多所鑒識而或蔽於仙乙則多所不通而偏達其理此豈非天命之所使然乎夫道家寶秘仙術弟子之中尤尚簡擇至精彌久然後告之以要訣況於世人幸自不信不求何為當强以語之邪既不能化令信之又將招嗤速謗故得道之士所以與世人異路而行異處而止言不欲與之交身不欲與之雜

隔千里猶恐不足以遠煩勞之攻絕軌迹猶恐不足以免毀辱之醜貴不足以誘之富不足以移之何肯當目銜於俗士言我有仙法乎此蓋周孔所以無緣而知仙道也且夫周孔蓋是高才大學之深遠者耳小小之伎猶多不閑使之跳丸弄劍踰鋒投狹履絙登幢擿盤緣案跟挂萬仞之峻峭游泳呂梁之不測手扛千鈞足躡驚飈暴虎檻豹攬飛捷矢凡人為之而周孔不能以過於此者乎他人之所念慮蚤虱之所首向隔牆之朱紫林下之草芥匣匱之書籍地中之

寶藏豊林邃藪之鳥獸重淵洪潭之魚鼈令周孔委曲其采色分别其物名經列其多少審實其有無未必能盡知況於遠此者乎聖人不食則飢不飲則渴灼之則熱凍之則寒撻之則痛刃之則傷歲久則老矣損傷則病矣氣絶則死矣此是其所與凡人無異者甚多而其所以不同者至少矣所以過絶人者唯在於才長思遠口給筆高德全行潔强訓博聞之事耳亦安能無事不兼邪既已著作典謨安上治民復欲使之兩知仙道長生不死以此責聖人何其多乎

吾聞至言逆俗耳真語必違衆儒士卒覽吾此書者必為吾非毀聖人吾豈然哉但欲盡物理耳理盡事窮則似於謗訕周孔矣世人謂聖人從天而墜神靈之物無所不知無所不能其於服畏其名不敢復料之以事謂為聖人所不能則人無復能知者也聖人所不知則人無復知之者不亦笑哉今具以近事校之想可以悟也完山之鳥賣生送死之聲孔子不知之便可復謂顔回只可偏解之乎聞太山婦人之哭問之乃知虎食其家三人又不知此婦人何以不徙

去之意須答乃悟見羅雀者純得黄口不辨其意問之乃覺及欲葬毋不知父墓所在須人語之既定墓崩又不知之弟子語之乃泫然流涕又疑顔淵之盜食乃假言欲祭仙人卜掇塵之虛僞既焚又不知傷人馬否顔淵後便謂之已死又周流七十餘國而不能逆知人之必不用之也而栖栖惶惶席不暇溫又不知匡人當圍之而由其途問老子以古禮禮有所不解世問郯子以鳥官官有所不識也行不知津而使人問之又不知所問之人必譏之而不告其路若

爾可知不問也下車逐歌鳳者而不知彼之不住也見南子而不知其無益也諸若此類不可具舉但不知仙法何足怪哉又俗儒云聖人所不能則餘人皆不能則宕人水居梁毋火化子伯耐至熱仲都堪酷寒左慈兵解而不死甘始休糧以經歲范軼見斫而不入鼈令流尸而更生少千執百鬼長房縮地脉仲甫假形於晨鳧張楷吹噓起雲霧未聞周孔能為斯事也俗人或曰周孔皆能為此但不為耳吾答之曰必不求之於明文而指空以空言者吾便可謂周孔

能振翮翻飛翱翔八極興雲致雨移山拔井但不為耳一不以記籍見事為據者復何限哉必若所云者吾亦可以言周孔皆已昇仙但以此法不可以訓世恐人皆知不死之可得皆必悉委供養廢進宦而登危浮深以修斯道是為家無復子孫國無復臣吏忠孝並喪大倫必亂故周孔密自為之而秘不告人外託終下之形內有上仙之實如此則子亦將何以難吾乎亦又未必不然也靈寶經有正機平衡飛龜授袟凡三篇皆仙術也吳王伐石以治宮室而於合石

之中得紫文金簡之書不能讀之使使者持以問仲尼而欺仲尼曰吳王閑居有赤雀銜書以置殿上不知其義故遠諮呈仲尼以視之曰此乃靈寶之方長生之法禹之所服隱在水邦年齊天地朝于紫庭者也禹將仙化封之名山石函之中乃今赤雀銜之殆天授也以此論之是夏禹不死也而仲尼又知之安知仲尼不皆密修其道乎正復使聖人不為此事未可謂無其効也人所好惡各各不同諭之以面豈不信哉誠合其意雖小必為也不合其神雖大不學也

好苦憎甘既皆有矣嗜利棄義亦無數焉聖人之大寶曰位何以聚人曰財又曰富與貴是人之所欲而昔已有禪之以帝王之位而不用委之以四海之富而不顧薦之二九之官替玉帛之聘遂山林之高潔甘魚釣之隱業者蓋不可勝數耳又曰男女飲食人之大欲存焉是以好色不可諫甘旨可忘憂昔有絶穀棄美不畜妻妾超然獨往倍然得意顧影含歡漱流忘味者又難勝記也人情莫不愛紅顔艶姿輕體柔身而黄帝遂篤醜之嫫母陳侯憐可憎之敦洽人鼻

無一不樂香故流黃鬱金芝蘭蘇合玄膽素膠江離揭車春蕙秋蘭價同瓊瑤而海上之女逐酷臭之夫隨之不止周文嗜不美之葅不以易大牢之滋味魏明好椎鑿之聲不以易絲竹之和音人各有意安可求此以同彼乎周孔自偶不信仙道日月有所不照聖人有所不知豈可以聖人所不爲便云天下無仙是責三光不照覆盆之内也

抱朴子内篇卷十二終

抱朴子内篇卷十三

晉丹陽葛洪稚川著

極言

或問曰古之仙人者皆由學以得之將特稟異氣耶抱朴子答曰是何言歟彼莫不負笈隨師積其功勤蒙霜冒險櫛風沐雨而躬親灑掃契闊勞藝始見之以信行終被試以危困性篤行貞心無怨貳乃得升堂以入於室或有怠厭而中止或有怨恚而造退或有誘於榮利而還修流俗之事或有敗於邪說而失

其淡泊之志或朝為而夕欲其成或坐修而立望其効若夫覩財色而心不戰聞俗言而志不沮者萬夫之中有一人為多矣故為者如牛毛獲者如麟角也夫彀勁弩者効力於發箭涉大川者保全於既濟井不達泉則猶不掘也一步未至則由不往也修塗之累非移晷所臻凌霄之高非一簣之積然升峻者患於垂上而力不足為道者病於方成而志不遂千倉萬箱非一耕所得干天之木非旬日所長不測之淵起於汀瀅陶朱之資必積百千若乃人退已進陰子

所以窮至道也敬卒若始羨門所以致雲龍也我志誠堅彼何人哉抱朴子曰俗民既不能生生而務所以煞生夫有盡之物不能給無已之耗江河之流不能盈無底之器也凡人利入少而費用多者猶不供也況無錙銖之來而有千百之往乎人無少長莫不有疾但輕重言之耳而受氣各有多少多者其盡遲少者其竭速其知道者補而救之必先復故然後方求量表之益若令服食終日則肉飛骨騰導引改朔則羽翮參差則世間無不信道之民也患乎升勺之

利未堅而鍾石之費相尋根移之據未極而冰霜之毒交攻不知過之在已而反云道之無益故捐丸散而罷吐納矣故曰非長生難也聞道難也非聞道難也行之難也非行之難也終之難也良匠能與人規矩不能使人必巧也明師能授人方書不能使人必爲也夫修道猶如播穀也成之猶收積也厥田雖沃水澤雖美而爲之失天時耕鋤又不至登稼被壟不穫不刈頃畝雖多猶無獲也凡夫不徒不知益之為益也又不知損之為損也夫損易知而速焉益難知

而遲焉而尚不悟其易安能識其難哉夫損之者如燈火之消脂莫之見也而忽盡矣益之者如苗禾之播殖莫之覺也而忽茂矣故治身養性務謹其細不可以小益為不平而不修不可以小損為無傷而不防凡聚小所以就大積一所以至億也若能愛之於微成之於著則幾乎知道矣或問曰古者豈有無所施行而偶自長生者乎抱朴子答曰無也或隨明師積功累勤便得賜以合成之藥或受秘方自行治作事不接於世言不累於俗而記著者止存其姓名而不能

具知其所以得仙者故闕如也昔皇帝生而能言役使百靈可謂天授自然之體者也猶復不能端坐而得道故陟王屋而授丹經到鼎湖而飛流珠登崆峒而問廣成之具茨而事大隗適東岱而奉中黃入金谷而諮涓子論道養則資玄素二女精推步則訪山稽力牧講占候則詢風后著體診則受雷岐審攻戰則納五音之策窮神奸則記白澤之辭相地理則書青烏之說救傷殘則綴金冶之術故能畢該秘要窮道盡真遂昇龍以高躋與天地乎罔極也然按神仙

經皆云黃帝及老子奉事太乙元君以受要訣況乎
不逮彼二君者安有自得仙度世者乎未之聞也或
曰黃帝審仙者橋山之塚又何為乎抱朴子答曰按
荊山經及龍首記皆云黃帝服神丹之後龍來迎之
群臣追慕靡所措思或取其几杖立廟而祭之或取
其衣冠葬而守之列仙傳云黃帝自擇亡日七十日
去七十日還葬于喬山山陵（一作後）忽崩墓空無尸但
劒舄在焉此諸說雖異要於為仙也言黃帝仙者見
於道書及百家之說者甚多而儒家不肯長奇怪開

畢塗務於禮教而神仙之事不可以訓俗故云其死以杜民心耳朱邑欒巴于公有功惠於民百姓皆生為之立廟祠又古者盛德之人身沒之後臣子刊其勲績於不朽之器而今世君長遷轉吏民思戀而樹德頌之碑者往往有焉此亦黃帝有廟墓之類也豈足以證其必死哉或人問曰彭祖八百安期三千斯壽之過人矣若果有不死之道彼何不遂仙乎豈非稟命受氣自有修短而彼偶得其多理不可延故不免於彫隕哉抱朴子答曰按彭祖經云其自帝嚳佐

堯歷夏至殷為大夫殷王遣綵女從受房中之術行之有効欲殺彭祖以絶其道彭祖覺焉而逃去去時年七八百餘非為死也黃帝石山一作公記云彭祖去後七十餘年門人於流沙之西見之非死明矣又彭祖之弟子青衣烏公黑穴公秀眉公白兎公子離婁公太足君高丘子不肯來七八人皆歷數百歲在殷而各仙去況彭祖何肯死哉又劉向所記列仙傳亦言彭祖是仙人也又安期先生者賣藥於海邊瑯琊人傳世見之計已千年秦始皇請與語三日三夜其

言高其旨遠博而有證始皇異之乃賜之金璧可直數千萬安期受而置之於阜鄉亭以赤玉舄一量為報留書曰復數千載求我於蓬萊山如此是為見始皇時已千歲矣非為死也又始皇剛暴而鷔狼最是天下之不應信神仙者又不中以不然之言荅對之者也至於問安期以長生之事安期荅之允當始皇惺悟信世間之必有仙道既厚惠遺又甘心欲學不死之事但自無明師也而為盧敖徐福輩所欺弄故不能得耳向使安期先生言無符據三日三夜之中

足以窮屈則始皇必將烹煮屠戮不免鼎俎之禍其厚惠安可得乎或問曰世有服食藥物行氣導引不免死者何也抱朴子答曰不得金丹但服草木之藥及修小術者可以延年遲死耳不得仙也或但知服草藥而不知還年（悞作房中）之要術則終無久生之理也或不曉帶神符行禁戒思身神守真一則止可令內疾不起風濕不犯耳若卒有惡鬼强邪山精水毒害之則便死也或不得入山之法令山神為之作禍則妖鬼試之猛獸傷之溪毒擊之蛇蝮螫之致多死事

非一條也或修道晚暮而先自損傷已深難可補復補復之益未得根據而疾隨復作所以尅伐之事亦何緣得長生哉或年老為道而得仙者或年少為道而不成者何哉彼雖年老而受氣本多受氣本多則傷損薄傷損薄則易養易養故得仙也此雖年少而受氣本少則傷深傷深則難救難救故不成仙也夫木槿楊柳斷殖之更生倒之亦生橫之亦生生之易者莫過斯木也然埋之既淺又未得久作刻剝或搖或拔雖壅以膏壤浸以春澤猶不脫於枯瘁者以

其根荄不固不暇吐其萌芽津液不得遂結其生氣也人生之為體易傷難養方之二木不及遠矣而所以攻毀之者過於刻剝劇乎摇拔也濟之者鮮壞之者衆死其宜也夫吐故納新者因氣以長氣而氣大衰者則難長也服食藥物者因血以益血而血垂竭者則難益也夫奔馳而喘逆或欬或滿用力役體汲汲短乏者氣損之候也面無光色皮膚枯腊唇焦脉白腠理萎瘁者血減之證也二證既衰於外則靈根亦凋於中矣如此則不得上藥不能救也凡為道而

不成營生而得死者其人非不有氣血也然身中之所以為氣為血者株源已喪但餘其枝流也譬猶入水之燼火滅而煙不即息既斷之木柯葉猶生二者非不有煙非不有葉而其所以為煙為葉者已先亡矣世人以覺病之日始作為病猶以氣絕之日為身喪之後也唯怨風冷與暑濕不能傷壯實之人也徒患體虛氣少者不能堪之故為所中耳何以較之設有數人年紀老壯既同服食厚薄又等俱造沙漠之地並冒嚴寒之夜素雪墮於上玄水結於下寒風摧

條而宵駭效噩凝吁於脣吻則其中將有獨中冷者
而不必盡病也非冷氣之有偏蓋人體有不耐者耳
故俱食一物或獨以結病者非此物之有偏毒也鈞
器齊飲而或醒或醉者非酒勢之有彼此也同冒炎
暑而或獨以暍死者非天熱之有公私也齊服一藥
而或昏瞑煩悶者非毒烈之有愛憎也是以衝風赴
林而枯柯先摧洪濤凌崖而拆隙首頹烈火燎原而
燥卉前焚龍棟墜地而脆者獨破由茲以觀則人之
無道體已素病因風寒暑濕者以發之耳苟能令正

氣不衰形神相衛莫能傷也凡為道者常患於晚不患於早也特年紀之少壯體力之方剛者自役過差百病兼結命危朝露不得大藥但服草木可以差於常人不能延其大限也故仙經曰養生以不傷為本此要言也神農曰百病不愈安得長生信哉斯言也

或問曰所謂傷之者豈非色慾之間乎抱朴子曰亦何獨斯哉然長生之要在乎還年之道上士知之可以延年除病其次不以自伐者若年尚少壯而知還年服陰丹以補腦采七液於長空者不服藥物亦不

失三百歲也但不得仙耳不得其術者古人方之於
水盃之盛湯羽苞之蓄火也且又才所不逮而困思
之傷也力所不勝而強舉之傷也悲哀憔悴傷也喜
樂過差傷也汲汲所欲傷也久談言笑傷也寢息失
時傷也挽弓引弩傷也沉醉嘔吐傷也飽食即卧傷
也跳走喘乏傷也歡呼哭泣傷也陰陽不交傷也積
傷至盡則早亡早亡非道也是以養生之方唾不及
遠行不疾步耳不極聽目不久視坐不至久卧不及
疲先寒而衣先熱而解不欲極飢而食食不過飽不

欲極渴而飲飲不過多凡食過則結積聚飲過則成痰癖不欲甚勞甚逸不欲起晚不欲汗流不欲多睡不欲奔車走馬不欲極目遠望不欲多啖生冷不欲飲酒當風不欲數數沐浴不欲廣志遠願不欲規造異巧冬不欲極溫夏不欲窮涼不露卧星下不眠中見有大寒大熱大風大霧皆不欲冒之五味入口不欲偏多故酸多傷脾苦多傷肺辛多傷肝鹹多則傷心甘多則傷腎此五行自然之理也凡言傷者亦不便覺也謂久則壽損耳是以善攝生者卧起有四時

之早晚興居有至和之常制調利筋骨有偃仰之方杜疾閑邪有吞吐之術流行榮衛有補瀉之法節宣勞逸有與奪之要忍怒以全陰氣抑喜以養陽氣然後先將服草木以救虧缺後服金丹以定無窮長生之理盡於此矣若有欲决意任懷自謂達識知命不泥異端極情肆力不營久生者聞此言也雖風之過耳電之經目不足諭也雖身枯於流連之中氣絶於紈綺之間而甘心焉亦安可告之以養生之事哉不惟不納乃謂妖訛也而望彼信之所謂以明鑑給矇

瞽以絲竹娛聾夫也

抱朴子内篇卷十三終

抱朴子内篇卷十四

晋丹陽葛洪稚川著

勤求

抱朴子曰：天地之大德曰生。生，好物者也。是以道家之所至秘而重者，莫過乎長生之方也。故血盟乃傳，傳非其人，戒在天罰。先師不敢以輕行授人，須人求之至勤者，猶當揀選至精者乃教之，況乎不好不求，求之不篤者，安可衒其沽以告之哉。其受命不應仙者，雖日見仙人成群在世，猶必謂彼自異種人，天下别有此物或呼為鬼魅之變化或云偶值於自然豈有肯謂修為之所得哉苟心所不信雖令赤松王喬言提其耳亦當同以為妖訛然時頗有識信者復患於不能勤求明師夫曉至要得其道者誠自甚稀非倉卒可值也然知之者但當少耳亦未嘗絶於世也由求之者不廣不篤有仙命者要自當與之相值也然求而不得者有矣未有不求而得者也世間自有奸偽圖讖之子而竊道士之號者不可勝數也然此等復不肯誑無所知也皆復粗開頭角或妄沽名加

之以伏邪飾僞而好事之徒不識其眞僞者徒多之進問自取誑惑而拘制之不令得行廣尋奇士異人而告之曰道盡於此矣以誤於有志者之不少可歎可恚也或聞有曉消五雲飛八石轉九丹冶黄白水瓊一作瑾瑶花朱碧凝霜雪於神爐採靈芝於嵩岳者則多而毁之曰此法獨有赤松王喬知之今世之人而云知之者皆虚妄耳則淺見之家不覺此言有詐僞而作便息遠求之意悲夫可爲慨歎者也凌虚飈飛暫少忽老迅速之甚諭之無物百年之壽三萬餘

日耳幼弱則未有所知衰邁則歡樂並廢童蒙昏耄除數十年而險隘憂病相尋代有居世之年畧消其半計定得百年者喜笑平和則不過五六十年咄嗟滅盡哀憂昏耄六七千日耳顧眄已盡矣況於全百年者萬未有一乎諦而念之亦無以笑彼夏蟲朝菌也蓋不知道者之所至悲矣里語有之人在世間日失一日如牽牛羊以詣屠所每進一步而去死轉近此譬雖醜而實理也達人所以不愁死者非不欲求亦固不知所以免死之術而空自焦愁無益於事故

云樂天知命故不憂耳非不欲久生也姬公請代武王仲尼戢杖悲懷是知聖人亦不樂速死矣俗人見莊周有大夢之諭因復競共張齊死生之論蓋詭道強達陽作違抑之言皆仲尼所為破律應煞者也今察諸有此談者被疾病則遽針灸冒危險則甚畏死然末俗通弊不崇真信背典誥而治子書若不吐反理之巧辯者則謂之朴野非老莊之學故無骨殖而取偶俗之徒遂流漂於不然之說而不能自返也老子以長生久視為業而莊周貴於摇尾塗中不為被

網之龜被綉之牛餓而求粟於河侯以此知其不能齊死生也晚學不能考校虛實偏據一句不亦謬乎且夫深入九泉之下長夜罔極始為螻蟻之粮終與塵壤合體令人怛然心熱不覺咄嗟君心有求生之志何可不棄置不急之事以修玄妙之業哉其不信則已矣其信之者復患違俗情之不蕩盡而不能專以養生為意而營世務之餘暇而為之所以或有違之者恒病晚而多不成也凡人之所汲汲者勢利嗜欲也苟我身之不全雖高官重權金玉成山妍艷萬

討非我有也是以上士先營長生之事長生定可以任意若未昇玄去世可且地仙人間若彭祖老子止人中數百歲不失人理之懽然後徐徐登遐亦盛事然決須好師師不足奉亦無由成也昔漢太后從夏侯勝受尚書賜勝黄金百斤他物不可勝數及勝死又賜勝家錢二百萬爲勝素服一百日成帝在東宫時從張禹受論語及即尊位賜禹爵關内侯食邑千户拜光禄大夫賜黄金百斤又遷丞相進爵安昌侯年老乞骸骨賜安車駟馬黄金百斤錢數萬及禹疾天子

自臨省之親拜禹牀下章帝在東宮時從桓榮以受孝經及帝即位以榮為太常上卿天子幸榮第令榮東面坐設几杖會百官及榮門生生姪數百人帝親自持業講說賜榮爵關內侯食邑五千戶及榮病天子幸其家入巷下車把卷而趨如弟子之禮及榮薨天子為榮素服凢此諸君非能攻城野戰折衝拓境懸旌効節（一作郊嗣）術運方轉元功騁銳絕域也徒以一經之業宣傳章句而見尊重巍巍如此此但能說死人之餘言耳帝王之貴猶自卑降以敬事之世間或

有欲試修長生之道者而不肯謙下於堪師者直爾蹴迮從求至要寧可得乎夫學者之恭遜驅走何益於師之分寸乎然不爾則是彼心不盡彼心不盡則令人告之不力告之不力則秘訣何可悉得邪不得已當以浮淺示之豈足以成不死之功哉亦有人皮膚好喜而信道之誠不根心神有所索欲陽爲曲恭累日之間怠慢已出若值明智之師且欲詳觀來者變態試以淹久故不告之以測其志則若此之人情僞行露亦終不得而教之教之亦不得盡言吐實言

下了則為之無益也陳安世者年十三歲蓋灌叔本之客子耳先得仙道叔本年七十皓首朝夕拜安世曰道尊德貴先得道者則為師矣吾不敢倦執弟子之禮也由是安世告之要方遂復仙去矣夫人生先受精神於天地後稟氣於父母然不得明師告之以度世之道則無由免死鑿石有餘焰年命已凋頹矣由此論之明師之恩誠為過於天地重於父母多矣可不崇之乎可不求之乎抱朴子曰古人質正貴行賤言故為政者不尚文辯修道者不崇辭說風俗衰

薄外飾彌縫方策既山積於儒門而內書亦鞅掌於術家初學之徒即未便可授以大要又亦人情以本末殷富者為快故後之知道者干吉容嵩桂帛諸家各著千所篇然率多教誡之言不肯善為人開顯大向之指歸也其至真之訣或但口傳或不過尋尺之素在領帶之中非隨師經久累勤歷試者不能得也雜猥弟子皆各隨其用心之疎密履苦之久遠察其聰明之所逮及志力之所能辦各有所授千百歲中時有盡其囊枕之中肘腋之下秘要之耳或但將之

合藥藥成分之足以使之不死而已而終年不以其方文傳之故世間道士知金丹之事者萬無一也而管見之屬為仙法當具在於紛若之書及於祭祀拜伏之間而已矣夫長生制在大藥耳非祠醮之所定也昔秦漢二代大興祈禱所祭太乙五神陳寶八神之屬動用牛羊穀帛錢費億萬了無所益況於疋夫德之不備體之不養而欲以三牲酒餚祝願鬼神以索延年惑亦甚矣或頗有好事者誠欲為道而不能勤求明師合作異藥而但晝夜誦講不要之書數千

百卷詰老無益便謂天下果無仙法或舉門扣頭以向空坐亨宰犧牲燒香請福而病者不愈死喪相襲破產竭財一無奇異終不悔悟自謂未篤若以此之勤求知方之師以此之費給買藥求明師秘術之直者亦必得神仙長生度世也何異詰老空耕石田而望千倉之收用力雖盡不得其所也所謂適楚而道燕雖良馬而不到非行之不疾然失其道也或有性信而喜信人其聰明不足以校練真偽揣測深淺所博涉素狹不能賞物後世頑淺趣得一人自譽之子

云我有秘書便守事之而庸人小兒多有外託有道之名名過其實由於誇誑內抱貪濁惟利是圖有所請為強喑嗚俛仰抑揚若所知寶秘乃深而不可得之狀其有所請從其所求俛仰含笑或許以頃後故使不覺者欲罷而不能自謂事之未勤而禮幣之尚輕也於是篤信之心尤加恭肅賂以珠玩為之執奴僕之役不辭負重涉遠不避經險履危欲以積勞自効服若求哀態有異聞而虛引歲月空委二親之供養捐妻子而不卹戴霜蹈氷連年隨之而妨資棄力

卒無所成彼初誠欺之去不或慙之憒然體中實自空鑿短乏之無能法以相教將何法以成人乎余目見此輩不少可以有十餘人或自號高名久居於世世或謂之已三四百歲但易名字詐稱聖人託於人間而多有承事之者余但不喜書其人之姓名耳頗遊俗間凡夫不識妍蚩爲共吹揚增長妖妄爲彼巧僞之人虛生華譽歆習遂廣莫能甄別故或令高人偶不留意潛察而但任兩耳亦自誤於學者常待此輩莫不使人歎息也每見此曹欺誑天下以規勢利者遲速

皆受殃罰天網雖疎終不漏也但悟有志者可念耳世人多逐空聲尠能校實聞甲乙多弟子至以百許必當有異便載馳競逐赴為相聚守之徒妨工夫以崇重彼愚陋之人也而不復尋精彼得門人之力或以致富辦逐之雖久猶無成人之道愚夫故不知此人不足可事何能都不與悟自可悲哉夫搜尋仞之壟求干天之木漉牛迹之中索吞舟之鱗用日雖久安能得乎嗟乎將來之學者雖當以求師為務亦不可以不詳擇為急也陋狹之夫行淺德薄功微緣少

不足成人之道亦無功課以塞人重恩也深思其趣勿令徒勞也抱朴子曰諸虛名之道士既善為誑詐以欺學者又多護短匿愚恥於不知陽若以傳涉已足終不肯行求請問於勝已者惷爾守窮面墻而立又不但拱默而已乃復憎忌於實有道者而謗毀之恐彼聲名之過已也此等豈有意於長生之法哉為欲以合致弟子圖其財力以快其情欲而已耳而不知天高聽卑其後必受斯殃也夫貧者不可妄云我富也賤者不可虛云我貴也況道德之事實無而空

養門生弟子乎凡俗之人猶不宜懷妬善之心況於道士尤應以忠信快意為生者也云何當以此之儌然函胷臆間乎人自不能聞見神明之聞見己之甚易也此何異乎在紗幌之外不能察軒房之内而肆其倨慢謂人之不見己此亦如竊鍾棖物鏗然有聲惡他人聞之因自掩其耳者之類也而聾瞽之存乎精神者唯欲專擅華名獨聚徒衆外求聲價内規財力恚疾勝己乃劇於俗人之爭權勢也遂以脣吻為刃鋒以毁譽為朋黨口親心踈貌合行離陽敦同志

之言陰挾蜂蠆之毒此乃天人所共惡招禍之符檄也夫讀五經猶宜不恥下問以進德修業日有緝熙至於射御之麤伎書數之淺功農桑之露事規矩之小術尚須師授以盡其理況營長生之法欲以延年度世斯與救卹死事無異也何可務惜請受之名而永守無知之困至老不改臨死不悔此亦天民之篤暗者也令人代之慙悚為之者獨不顧形影也為儒生尚當兀然守朴外託質素知而如否有而如無令庸兒不得盡其稱稱而不問不對對必辭讓而後言

何其道士之人強以不知為知以無有為有虛自銜曜以圖奸利者乎迷而不知返者愈於遂往若有以行此者想不恥改也吾非苟為此言誠有為而興所謂疾之而不能默然也徒愍念愚人不忍見嬰兒之投井耳若覽之而悟者亦仙藥之一草也吾何為哉不御苦口其危至矣不俟脈診而可知者也抱朴子曰設有死罪而人能救之者必不為之吝勞辱而憚卑辭也必獲生生之功也今雜猥道士之輩不得金丹大法必不得長生可知也雖治病有起死之効絶

穀則積年不飢役使鬼神坐在立亡瞻視千里知人盛衰發沉祟於幽翳知禍福於未萌猶無益於年命也尚羞行請求恥事先達是惜一日之屈而甘罔極之痛是不見事類者也古人有言曰生之於我利亦大焉論其貴賤雖爵為帝王不足以此法比焉論其輕重雖富有天下不足以此術易焉故有死王樂為生鼠之諭也夫治國而國平治身而身生非自至也皆有以致之也惜短乏之虛名恥師授之蹔勞雖曰不愚吾不信也今使人免必死而就戮刑者猶欣然

喜於去重而即輕脫炙爛而保視息甘其苦痛過於更生矣人但莫知當死之日故不暫憂耳若誠知之而刖劓之事可得延期者必將為之況但躬親灑掃執巾竭力於勝已者可以見教之不死之道亦何足為苦而蔽者憚焉假令有人恥迅走而待野火之燒爇羞逃風而致沉溺於重淵者世必呼之為不曉事也而咸知笑其不避災危而莫怪其不畏實禍何哉

抱朴子曰昔者之著道書多矣莫不務廣浮巧之言以崇玄虛之旨未有究論長生之階徑箴砭為道之

病痛如吾之勤勤者也實欲令迷者知反失之東隅收之桑榆墜井引綆愈於遂沒但惜美病而距惡石者不可如何耳人誰無過過而能改日月之蝕睎顏氏之子也又欲使將來之好生道者審於所託故竭其忠告之良謀而不飾淫麗之言言發則指切筆下則辭痛惜在於長生而折抑邪耳何所索哉抱朴子曰深念學道藝養生者隨師不得其人竟無所成而使後之有志者見彼之不得長生因云天下之果無仙法也凡自度生必不能苦身約己以修玄妙者亦

徒進失干祿之業退無難老之功內誤其身外沮將來也仙之可學致如黍稷之可播種得甚炳然耳然未有不耕而獲嘉禾未有不勤而獲長生度世也

抱朴子內篇卷十四終

抱朴子内篇卷十五

雜應

晋丹陽葛洪稚川著

或曰敢問斷人可以長生乎凡有幾法何者最善與抱朴子答曰斷人正可息肴糧之費不能獨令人長生也問諸曾斷穀積久者云差少病痛勝於食穀時其服术及餌黄精又禹餘糧丸日再服三日令人多氣力堪負擔遠行身輕不極其服諸石藥一服守中十年五年者及吞氣服符飲神水輩但為不飢耳體

力不任勞也道書雖言欲得長生腸中當清欲得不死腸中無滓又云食草者善走而愚食肉者多力而捍食穀者智而不壽食氣者神明不死此乃行氣者一家之偏說耳不可便孤用也若欲服金丹大藥先不食百許日爲快若不能者正爾服之但得仙小遲耳無大妨也若遭世荒隱竄山林知此法者則可以不餓死其不然也則無急斷急既無可大益又止人中斷肉聞肥鮮之氣皆不能不有欲之中心若未便絕俗委家巖棲岫處者固不成遂休五味無致自苦

不如莫斷穀而節量飢飽近有一百許法或服守中石藥數十丸便辟四五十日不飢練松栢及朮亦可以守中但不及大藥久不過十年以還或辟一百二百日或須日月服之乃不飢者或先作美食極飽乃服藥以養所食之物令不消化可辟三年欲還食穀當以葵子猪膏下之則所作美食皆下不壞如故也洛陽有道士董威輦常止白社中了不食陳子敘共守事之從學道積久乃得其方云以甘草防風莧實之屬十許種搗爲散先服五方寸匕乃吞石子大如雀

卯十二枚足辟百日輒更服散氣力顏色如故也欲還食穀者當服葵水湯下石子乃可食耳又赤龍血青龍膏作之明冊砂曾青水以石内其中復須臾石柔而可食也若不即取便消爛盡也食此石以口取飽令人丁壯又有引石散以方寸匕投一斗白石子中以水合煑之亦立熟如芋子可食以當穀也張太玄舉家及弟子數十人隱居林其山中以此法食石十餘年皆肥健但爲須得白石不如赤龍血青龍膏取得石便可用又當煑之有薪火之煩耳或用符或

用水或符水蕪用或用乾棗日九枚酒一二升者或食十二時氣從夜半始從九九至八八七七六六五五而止或春向東食歲星青氣使入肝夏服熒惑赤氣使入心四季之月食鎮星黃氣使入脾秋食太白白氣使入肺冬服辰星黑氣使入腎又中岳道士郄元節食六戊之精亦大有効假令甲子之辰有戊辰之精則竟其旬十日常向辰地而吞氣到後甲復向其旬之戊也甘始法召六甲六丁玉女各有名字因以祝水而飲之亦可令牛馬皆不飢也或思脾中人

名名黄裳子但合口食内氣此皆有真効余數見斷穀人三年二年者多皆身輕色好堪風寒暑濕大都無肥者耳雖未見數十歲不食者然人絶穀不過十許日皆死而此等已積載而自若亦何疑於不可大久乎若令諸絶穀者轉羸極常慮之恐不可久耳而問諸為之者無不初時少氣力而後稍丁健月勝一月歲勝一歲正爾可久無嫌也夫長生得道者莫不皆由服藥吞氣而達之者而不妄也夫服藥斷穀者略無不先極也但用符水及單服氣者皆作四十日

中疲瘦過此乃健耳鄭君云本性飲酒不多昔在銅山中絶穀二年許飲酒數斗不醉以此推之是為不食更令人耐毒耐寒則是難病之候也余因此問山中郍得酒鄭君言先釀好雲液勿壓漉因以桂附子甘草五六種末合丸之曝乾以一丸如雞子許投一廿斗水中立成美酒又有黃帝雲液泉法以糵米及七八種藥合之取一升輒內一升水投中如千歲苦酒之內水也無知盡時而味常好不變飲之大益人又符水斷穀雖先令人羸然宜兼知者倘卒遇荒年

不及合作藥物則符水為上矣有馮生者但單吞炁斷穀已三年觀其步陟登山擔一斛許重終日不倦又時時引弓而罵不言語言語又不肯大聲問之云斷穀亡精費氣最大忌也余亦屢見淺薄道士輩為欲虛曜奇怪招不食之名而實不知其道但虛為不啖羨飯耳至於飲酒日中斗餘脯腊粭糒棗栗雞子之屬不絕其口或大食肉而咽其汁吐其滓終日經口者數十斤此直是更作美食矣凡酒客但飲酒食脯而不食穀皆自堪半歲一歲而不歷頓矣未名絕

穀耳吳有道士石春每行氣為人治病輙不入食以須病者之愈或百日或一月乃食吳景帝聞之曰此但不久必當飢死也乃召取鏁閉令人備守之春但求三二升水如此一年餘春顏色更鮮悅氣力如故景帝問之可復堪幾時春言無限可數十年但恐老死耳不憂飢也乃罷遣之按如春言是為斷穀不能延年可知也今時亦有得春之法者或問不寒之道抱朴子曰或以立冬之日服六丙六丁之符或閉口行五火之炁千二百遍則十二月中不寒也或服太陽

酒或服紫石英朱漆散或服雄丸一後服雌丸二別本先雌後雄亦可堪一日一夕不寒也雌丸用雌黃曾青礬石磁石也雄丸用雄黃丹砂石膽也然此無益於延年之事也或問不熱之道抱朴子曰或以立夏日服六壬六癸之符或行六癸之炁或服玄水一作冰之丸或服飛霜之散然此用蕭丘上木皮及五月五日中時北行黑蛇血故少有得合之者也唯幼伯子王仲都此二人衣以重裘曝之於夏日之中周以十二爐之火口不稱熱身不流汗蓋用此方者也或問辟五

兵之道抱朴子曰吾聞吳文皇帝曾從介先生受要道云但知書北斗字及日月字便不畏白刃帝以試左右數十人常爲先登鋒陷陣皆終身不傷也鄭君云但誦五兵名亦有驗刀名大房虛星主之弓名曲張氏星主之矢名彷徨熒惑星主之劍名失傷角星主之弩名遠望張星主之戟名大將軍參星主之也臨戰時常細祝之或以五月五日作赤靈符著心前或丙午日日中時作燕君龍虎三囊符歲符歲易之月符月易之日符日易之或佩西王母兵信之符或

佩熒惑朱雀之符佩南極鑠金符或戴却刃符祝融
之符或傳玉札散或浴禁葱湯或取牡荆以作六陰
神將符符指敵人或以月蝕時刻三歲蟾蜍喉下有
八字者血以書所持之刃劍或帶武威符熒火丸或
交鋒刃之際乘魁履罡呼四方之長亦有明効今世
之人亦有得禁辟五兵之道往往有之或問隱淪之
道抱朴子曰神道有五坐在立亡其數焉然無益於
年命之事但在人間無故而為此則致詭怪之聲不
足妄行也可以備兵亂危急不得已而用之可以免

難也鄭君云服大隱符十日欲隱則左轉欲見則右回也或以玉粕丸塗人身中或以蛇足散或懷離母之草或折青龍之草以伏六丁之下或入竹田之中而執天樞之壤或造河龍石室而隱雲蓋之陰或伏清泠之淵以過幽闕之徑或乘天一馬以遊紫房或登天一之明堂或入玉女之金匱或背輔向官立三蓋之下或投巾觧履膽煎及兒衣符子居蒙象一作人青液桂梗六甲父母薜側之膠駮馬泥丸木鬼之子金商之艾或可為小兒或可為老翁或可為鳥或可

為獸或可為草或可為木或可為六畜或依木成木或依石成石依水成水依火成火此所謂移形易貌不能都隱者也或問魏武帝曾收左元放而桎梏之而得自然解脫以何法乎抱朴子曰吾不能正知左君所施用之事然歷覽諸方書有月三服薏苡子和用三五陰冊或以偶牙陽胞或以七月七日東行跳脫蟲或以五月五日石上龍子單衣或以夏至日霹靂楔或以天文二十一字符或以自解去父血或以玉子餘糧或合山君目河伯餘糧浮雲滓以塗之皆

自解然左君之變化無方未必由此也自用六甲變化其真形不可得就也或問曰為道者可以不病乎抱朴子曰養生之盡理者既將服神藥又行氣不懈朝夕導引以宣動榮衛使無輟閡加之以房中之術節量飲食不犯風濕不患所不能如此可以不病但患居人間者志不得專所修無恒又苦懈怠不動故不得不有疹疾耳若徒有信道之心而無益己之業年命在孤虚之下體有損傷之危則三尸因其衰月危日入絶命病鄉之時招呼邪氣妄延鬼魅來作殃

害其六石並會三刑同方者甚災必大其尚盛者則生諸疾病先有疹患者則令發動是以古之初為道者莫不兼修醫術以救近禍焉凡庸道士不識此理恃其所聞者大至不關治病之方又不能絕俗幽居專行内事以却病痛病痛及已無以攻療乃更不如凡人之專湯藥者所謂進不得邯鄲之步退又失壽陵之義者也余見戴霸華他所集金匱綠囊崔中書黃素方及百家雜方五百許卷甘胡呂傳周始甘唐通阮南河等各撰集暴卒備急方或一百十或九十

四或八十五或四十六世人皆為精悉不可加也余究而觀之殊多不備諸急病甚尚未盡又渾漫雜錯無其條貫有所尋按不即可得而治卒暴之候皆用貴藥動數十種自非富室而居京都者不能素儲不可卒辦也又多令人以針治病其灸法又不明處所分寸而但說身中孔穴榮輸之名自非舊醫備覽明堂流注偃側圖者安能曉之哉余所撰百卷名曰玉函方皆分別病名以類相續不相雜錯其九十三卷皆單行徑易約而易驗籬陌之間顧眄皆藥衆急之

病無不畢備家有此方可不用醫醫多承襲世業有名無實但養虛聲以圖財利寒白退士所不得使使之者乃多誤人未若自閑其要勝於所迎無知之醫又不可卒得得又不肯即為人使使腠理之微疾成膏肓之深禍乃至不救且暴急之病而遠行借問率多枉死矣或問將來吉凶安危去就知之可全身為有道乎抱朴子曰仰觀天文俯察地理占風氣布籌筭推三棊步九宮檢八卦考飛伏之所集診訞訛於物類占休咎於龜筴皆下術常伎疲勞而難恃若乃

不出帷幕而見天下乃為入神矣或以三皇天文召司命司危五岳之君阡陌亭長六丁之靈皆使人見之而對問以諸事則吉凶昭然若存諸掌無遠近幽深咸可先知也或召六陰玉女其法六十日而成成則長可役使或祭致八史八史者八卦之精也亦足以預識未形矣或服葛花及秋芒麻勃刀圭方寸匕忽然如欲卧而聞人語之以所不决之事吉凶立定也或用明鏡九寸以上自照有所思存七日七夕則見神仙或男或女或老或少一示之後心中自知千

里之外方來之事也明鏡或用一或用二謂之日月鏡或用四謂之四規四規者照之時前後左在各施一也用四規所見來神甚多或縱目或乘龍駕虎冠服彩色不與世同皆有經圖欲修其道當先暗誦所當致見諸神姓名位號識其衣冠不爾則卒至而忘其神或能驚懼則害人也為之率欲得靜漠幽閑林麓之中外形不經目外聲不入耳其道必成也三童九女節壽君九首蛇軀百二十官雖來勿得熟視也或有問之者或有訶怒之者亦勿答也或有侍從暐

辟力士甲卒乘龍駕虎簫鼓嘈嘈易舉目與言也但諦念老君真形老君真形見則起再拜也老君真形者思之姓李名聃字伯陽身長九尺黄色鳥喙隆鼻秀眉長五寸耳長七寸額有三理上下徹足有八卦以神龜為牀金樓玉堂白銀為堦五色雲為衣重疊之冠鋒鋌之劒從黄童百二十人左有十二青龍右有二十六白虎前有二十四朱雀後有七十二玄武前道十二窮奇後從三十六辟邪雷電在上晃晃昱昱此事出於仙經中也見老君則年命延長心如日

月無事不知也或問堅齒之道抱朴子曰能養以華池浸以醴液清晨建齒三百過者水不搖動其次則含地黃煎或含玄膽湯及蛇脂丸礬石散九棘散則已動者更牢有蟲者即愈又服靈飛散者則可令既脫者更生也或問聰耳之道抱朴子曰能龍導虎引熊經龜咽燕飛蛇屈鳥伸天俛地仰令赤黃之景不去洞房猿據兔驚千二百至則聰不損也其既聾者以玄龜薰之或以棘頭羊糞雞毛雀桂成裹塞之或以狼毒冶葛或以附子葱涕合內耳中或以蒸鯉魚

腦灌之皆愈也或問明目之道抱朴子曰能引三焦之昇（一作外）景召大火於南離洗之以明石慰之以陽光及燒丙丁洞視符以酒和洗之古人曽以夜書也或以苦酒煑蕪菁子令熟曝乾末服方寸匕日三盡一斗能夜視有所見矣或以犬膽煎青羊班鳩石決明充蔚百華散或以雞舌香黃連乳汁煎注之諸有百疾之在目者皆愈而更加精明倍常也或問登峻涉險遠行不極之道抱朴子曰惟服食大藥則身輕力勁勞而不疲矣若初入山林體未全實者宜以雲

珠粉百華醴玄子湯洗腳及虎膽丸朱明酒天雄鶴脂丸飛廉煎秋芒車前澤瀉散用之旬日不但涉遠不極乃更令人行疾可三倍於常也若能乘蹻者可以周流天下不拘山河凡乘蹻道有三法一曰龍蹻二曰虎蹻三曰鹿盧蹻或服符精思若欲行千里則以一時思之若晝夜十二時思之則可以一日一夕行萬二千里亦不能過此過此當更思之如前法或用棗心木為飛車以牛革結環劍以引其機或存念作五蛇六龍三牛交罡而乘之上昇四十里名為太

清太清之中其氣甚罡能勝人也師言鳶飛轉高則但直舒兩翅了不復扇搖之而自進者漸乘罡炁故也龍初昇階雲其上行至四十里則自行矣此言出於仙人而流傳於世俗耳實非凡人所知也又乘蹻須長齋絕葷菜斷血食一年之後乃可乘此三蹻耳雖復服符思五龍蹻行最遠其餘者不過千里也其高下去留皆自有法勿得任意耳若不奉其禁則不可妄乘蹻有傾墜之禍也或曰老子篇中記及龜文經皆言藥兵之後金木之年必有大疫萬人餘一敢

問避辟之道抱朴子曰仙人入瘟疫秘禁法思其身為五玉五玉者隨四時之色春色青夏赤四季月四季或作六月黃秋白冬黑又思冠金巾思心如炎火大如斗則無所畏也又一法思其髮散以被身一髮端輒有一大星綴之又思作七星北斗以魁覆其頭以罡指前又思五臟之氣從兩目出周身如雲霧肝青氣肺白氣脾黃氣腎黑氣心赤氣五色紛錯則可與疫病者同牀也或禹步呼直日玉女或閉氣思力士操千斤金鎚百二十人以自衛或用射鬼丸赤車使者丸

冠軍丸徐長卿散玉凾精粉青牛道士薰身丸崔作一雀文黄、星一作散草玉酒黄庭丸皇符老子領中符赤鬚子桃花符皆有良効者也

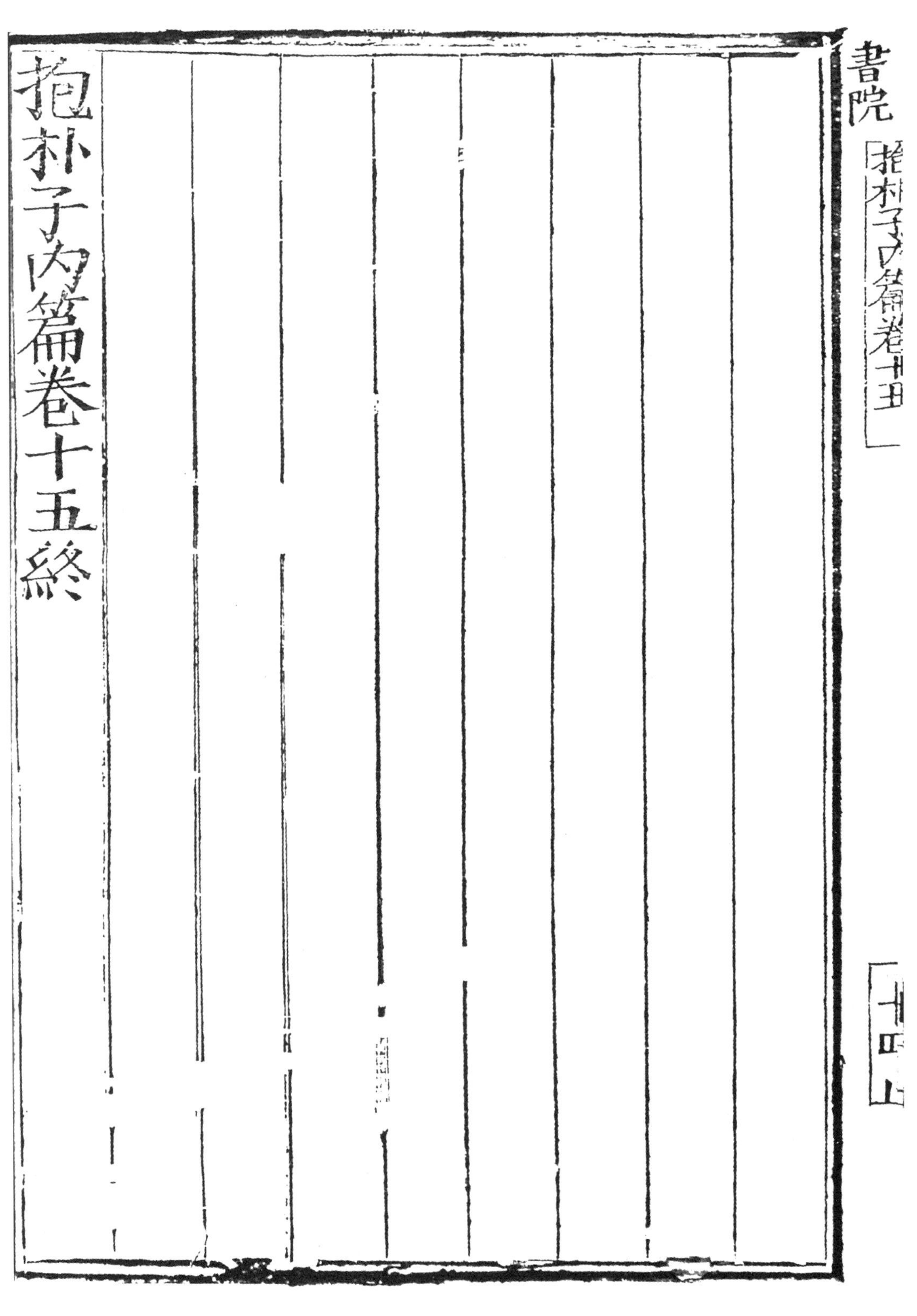
書院
抱朴子内篇卷十五
十四上
抱朴子内篇卷十五終

抱朴子内篇卷十六

晋丹陽葛洪稚川著

黄白

抱朴子曰神仙經黄白之方二十五卷千有餘首黄者金也白者銀也古人秘重其道不欲指斥故隱之云爾或題篇云庚辛庚辛亦金也然率多深微難知其可解分明者少許爾世人多疑此事為虚誕與不信神仙者正同也余昔從鄭公受九丹及金銀液經因復求受黄白中經五卷鄭君言曾與左君於廬江

銅山中試作皆成也然而齊潔禁忌之勤苦與金册神仙藥無異也俗人多譏余好攻異端謂予為趣欲強通天下之不可通者余亦何為然哉余若欲以此輩事騁辭章於來世則余所著外篇及雜文二百餘卷足以寄意於後代不復須此且此内篇皆直語耳無藻飾也余又知論此曹事世人莫不呼為迂闊不急未若論俗間切近之理可以合衆心也然余所以不能已於斯事知其不入世人之聽而猶論著之者誠見其效驗又所承授之師非妄言者而余貧苦無

財力又遭多難之運有不已之無賴兼以道路梗塞藥物不可得竟不遑合作之余今告人言我曉作金銀而躬自飢寒何異自不能行而賣治躄之藥求人信之誠不可得然理有不如意亦不可以一槩斷也所以勤勤綴之於翰墨者欲令將來好奇賞真之士見余書而具論道之意耳夫變化之術何所不為蓋人身本見而有隱之之法鬼神本隱而有見之之方能為之者往往多焉水火在天而取之以諸燧鉛性白也而赤之以為丹丹性赤也而白之而為鉛雲雨

霜雪皆天地之氣也而以藥作之與真無異也至於飛走之屬蠕動之類稟形造化既有定矣及其倏忽而易舊體改更而為異物者千端萬品不可勝論人之為物貴性最靈而男女易形為鶴為石為虎為猿為沙為黿又不少焉至於高山為淵深谷為陵此亦大物之變化變化者乃天地之自然何嫌金銀之不可以異物作乎譬諸陽燧所得之火方諸所得之水與常水火豈有別哉蛇之成龍茅糝為膏亦與自生者無異也然其根源之所由緣皆自然之感致非

窮理盡性者不能知其指歸非原始見終者不能得其情狀也狹觀近識桎梏巢穴揣淵妙於不測推神化於虛誕以周孔不說墳籍不載一切謂為不然不亦陋哉又俗人以劉向作金不成便云天下果無此道是見田家或遭水旱不收便謂五穀不可播殖得也成都內史吳大文博達多知亦自說昔事道士李根見根煎鉛錫以少許藥如大豆者投鼎中以鐵匙攪之冷即成銀大文得其秘方但欲自作百日齋便為之而留連在官竟不能得恒歎息言人間不足處也

又桓君山言漢黃門郎程偉好黃白術娶妻得知方家女偉常從駕出而無時衣甚憂妻曰請致兩端縑縑即無故而至前偉按枕中鴻寶作金不成妻乃往視偉偉方扇炭燒筩筩中有水銀妻曰吾欲試相視一事乃出其囊中藥少少投之食頃發之已成銀偉大驚曰道近在汝處而不早告我何也妻曰得之須有命者於是偉日夜說誘之賣田宅以供美食衣服猶不肯告偉偉乃與伴謀撾笞伏之妻輒知之告偉言道必當傳其人得其人道路相遇輒教之如非其人

口是而心非者雖寸斷支解而道猶不出也偉逼之不止妻乃發狂裸而走以泥自塗遂卒近者前廬江太守華令思高才達學洽聞之士也而事之不經者多所不信後有道士說黃白之方乃試令作之云以鐵器銷鉛以散藥投中即成銀又銷此銀以他藥之乃作黃金又從此道士學徹視之方行之未百日夜卧即便見天文及四隣了了不覺復有屋舍籬障又妾名瑤華者已死乃見形與之言語如平生又祭廟聞廟神答其拜牀似動有聲令思乃歎曰世間乃

定無所不有五經雖不載不可便以意斷也然不聞
方伎者卒聞此亦焉能不驚怪邪又黄白術亦如合
神丹皆須齋潔百日已上又當得閑解方書意合者
乃可為之非濁穢之人及不聰明人希涉術數者所
辨作也其中或有須口訣者皆宜師授又宜入於深
山之中清潔之地不欲令凡俗愚人知之而劉向止
宮中作之使宮人供給其事必非齋潔者又不能斷
絶人事使不來往也如此安可得成哉桓譚新論曰
史子心見署為丞相史官架屋發吏卒及官奴婢以

給之作金不成丞相自以力不足又白傳太后太后不復利於金也聞金成可以作延年藥又甘心焉乃除之為郎舍之北宮中使者待遇寧有作此神方可於宮中而令凡人雜錯共爲之者哉俗間染繒練尚不欲使雜人見之見之即壞黃白之變化凡事無巨細皆宜得要若不得其法妄作酒醬醋羹臛猶不成況大事乎余曾諮於鄭君曰老君云不貴難得之貨而至治之世皆投金於山捐玉於谷不審古人何用金玉為貴而遺其方也鄭君答曰老君所云謂夫披

泚剖石而傾山漉淵不遠萬里不慮壓溺以求珍玩以妨民時不知止足以飾無用及欲為道志求長生者復兼商賈不敦信讓浮深越險乾沒逐利不惜軀命不修寡欲至於真人作金自欲餌服之致神仙不以致富也故經曰金可作也世可度也銀亦可餌服但不及金耳余難曰何不餌世間金銀而化作之作之則非真非真則詐偽也鄭君答余曰世間金銀皆善然道士率皆貧故諺云無有肥仙人富道士也師徒或十人或五人亦安得金銀以供之乎又不能遠

行採取故宜作也又化作之金乃是諸藥之精勝於自然者也仙經云丹精生金此是以丹作金之說也故山中有丹沙其下多有金且夫作金成則為真物中表如一百煉不減故其方曰可以為釘明其堅勁也此則得夫自然之道也故其能之何謂詐乎詐者謂以曾青塗鐵鐵赤色如銅以雞子白化銀銀黃如金而皆外變而内不化也夫芝菌者自然而生而仙經有以五石五木種芝芝生取而服之亦與自然芝無異俱令人長生此亦作金之類也雉化為蜃雀化

為蛤與自然者正同故仙經曰流珠九轉父不語子化為黃白自然相使又曰朱砂為金服之昇仙者上士也茹芝導引咽氣長生者中士也飡食草木千歲以還者下士也又曰金銀可自作自然之性也長生可學得者也玉牒記云天下悠悠皆可長生也患於猶豫故不成耳凝水銀為金可中釘也銅柱經曰丹沙可為金河車可作銀立則可成成則為真子得其道可以仙身黃山子曰天地有金我能作之二黃一赤立成不疑龜甲文曰我命在我不在天還丹成金億

萬年古人豈欺我哉但患知此道者多貧而藥或至賤而生遠方非亂世所得也若戎鹽鹵鹹皆賤物清平時了不直錢今時不限價直而買之無也羌里石膽千萬求一斤亦不可得徒知其方而與不知者正同可爲長歎者也有其法者則或飢寒無以合之而富貴者復不知其法也就令知之亦無一信者假令頗信之亦已自多金銀豈肯費見財以市其藥物恐有棄繫逐飛之悔故莫肯爲也又計買藥之價以成所得之物尤有大利而更當齋戒辛苦故莫克爲也

且夫不得明師口訣誠不可輕作也夫醫家之藥淺露之甚而其常用効方便復秘之故方有用後宮遊女僻側之膠封君泥丸木鬼子金商芝飛君根伏龍肝白馬汗浮雲滓龍子丹衣夜光骨百花醴冬鄒齋之屬皆近物耳而不得口訣猶不可知況於黃白之術乎今能為之者非徒以其價貴而秘之矣此道一成則可以長生長生之道道之至也故古人重之也凡方書所名藥物又或與常藥物同而實非者如河上姹女非婦人也陵陽子明非男子也禹餘糧非米

也堯漿非水也而俗人見方用龍膽虎掌雞頭鴨蹠馬肺犬血鼠尾牛膝皆謂之血氣之物也見用鈌盆覆盆釜䥶大戟鬼箭天鈎則謂之鐵瓦之器也鈎一作鈞見用胡王使者倚姑新婦野大人守田公戴文浴徐長卿則謂人之姓名也延易之草或有不知玄秘之方孰能悉解劉向作金不成無可怪之也及得其要則復不煩聖賢大才而後作也凡人可為耳劉向豈頑人哉直坐不得口訣耳今將載其約而効之者以貽將來之同志焉當先取武都雄黃丹色如雞冠而

光明無灰石者多少任意不可令減五斤也擣之如粉以牛膽和之煑之令燥似赤土釜容一斗者先以戎鹽石膽末薦釜中令厚三分乃內雄黃末令厚五分復加戎鹽於上如此相似至盡又加碎炭火如棗核者令厚二寸以蚓螻土及戎鹽為泥泥釜外以一釜覆之皆泥令厚三寸勿泄陰乾一月乃以馬糞火熅之三日三夜寒發出鼓下其銅銅流如冶銅鐵也乃令鑄此銅以為筩筩成以盛丹砂水又以馬屎火熅之三十日發爐鼓之得其金即以為筩又以盛丹

砂水又以馬通火熅三十日發取擣治之取其二分生丹砂一分并綠汞者水銀也立凝成黃金矣光明美色可中釘也

作丹砂水法

治丹砂一斤內生竹筩中加石膽消石各二兩覆薦上下閉塞筩口以漆骨丸封之須乾以內醇苦酒中埋之地中深三尺三十日成水色赤味苦也金樓先生所從青林子受作黃金法先鍛錫方廣六寸厚一寸二分以赤鹽和灰汁令如泥以塗錫上令通厚一

累累於赤土釜中率錫十斤用赤鹽四斤合封固其際以馬通火熅之三十日發火視之錫中悉如灰狀中有累累如豆者即黄金也合治内土甌中以炭鼓之十煉之並成也率十斤錫得金二十兩唯長沙桂陽豫章南海土釜可用耳彼鄉土之人作土釜以炊食自多也

治作赤鹽法

用寒鹽一斤又作寒水石一斤又作寒羽涅一斤又作白礬一斤合内鐵器中以炭火火之皆消而色赤乃出之可

用也用里先生從稷丘子所授化黄金法先以礬水石二分內鐵器中加炭火令沸乃內汞多少自在攪令相得六七沸注地上成白銀乃取丹砂水曾青水各一分雄黄水二分於鑑中加微火上令沸數攪之令相得復加炭火上令沸以此白銀內其中多少自在可六七沸注地上凝則成上色紫磨金也

治作雄黄水法

治雄黄內生竹筩中一斤輒加消石二兩覆薦上下封以漆骨丸內醇大醋或作醇苦酒中埋之深三尺二十

日卽化爲水也作白青水方及礬石水同法但各異筩中耳

小兒作黄金法

作大鐵筩成中一尺二寸高一尺二寸作小鐵筩成中六寸瑩磨之赤石脂一斤消石一斤雲母一斤代赭一斤流黄半斤空青四兩凝水石一斤皆合擣細篩以醯和塗之小筩中厚二分汞一斤丹砂半斤良非半斤取良非法用鈆十斤内鐵釜中居爐上露灼之鈆銷内汞三兩早出者以鐵匙抄取之名曰良非

也攪令相得以承不見為候置小筩中雲母覆其上鐵蓋鎮之取大筩居爐上銷鉛注大筩中沒小筩中去上半寸取銷鉛為候猛火炊之三日三夜成名曰紫粉取鉛十斤於鐵器中銷之二十日上下更內銅器中須鉛銷內紫粉七方寸匕攪之即成黃金也欲作白銀者取承置鐵器中內紫粉三寸已上火令相得注水中即成銀也務成子法作鐵筩長九寸徑五寸擣雄黃三斤蚓螻壤等分作合以為泥塗裹使徑三寸匱口四寸加丹砂水二合覆馬通火上令極乾

内銅筩中塞以銅合蓋堅以黄沙築上復以蚓蝼垂泥上無令泄置爐炭中令有三寸炭筩口赤可寒發之雄黄皆入著銅筩復出入如前法三斤雄黄精皆下入著筩中下提取與黄沙等分合作以爲爐火大小自在也欲用之置爐於炭火中爐赤内水銀銀動則内鉛其中黄從傍起交中央注之於地即成金凡作一千五百斤爐力即盡矣此金取牡荆赤黍酒漬之百日即柔可和也如小豆服一丸日三服盡一斤三蟲伏尸百病皆去盲者視聾者聞老者即還年如

三十時入火不灼百邪衆毒冷風暑濕不能侵人盡三斤則歩行水上山川百神皆來侍衛壽與天地相畢以杍血朱草煑一丸杍一作樗以拭目皆即見鬼及地中物能夜書以白羊血塗一丸投水中魚龍立出可以取也以青羊血丹雞血塗一丸懸都門上一里不疫以塗牛羊六畜額上皆不疫病虎豹不犯也以虎膽蛇肪塗一丸從月建上以擲敵人之軍軍即便無故自亂相傷殺而走矣以牛血塗一丸以投井中井中即沸以投流水流水則逆流百歩以白犬血塗一

丸投社廟舍中其鬼神即見可以役使以兎血塗一丸置六陰之地行厨玉女立至可使六七十人也以鯉魚膽塗一丸持入水水為之開一丈可得氣息水中以行冒雨衣不霑也以紫莧煮一丸含咽其汁可百日不飢以慈石煑一丸内髻中以擊賊白刃流矢不中之有射之者矢皆自向也以六丁六壬上土并一丸以蔽人中則隱形含一丸北向以噴火火則滅以庚辛日申酉時向西地以一丸擲樹樹木即日便枯又以一丸禹步擲虎狼蛇蝮皆即死研一丸以書

石印入石書金即入金書木入木所書皆徹其肌理削治不可去也卒死未經宿以月建上水下一丸令入咽喉并含水噴死人面即活以狐血鶴血塗一丸内介中以指萬物隨口變化即山行木徙人皆見之然而實不動也凡作黄白皆立太乙玄女老子坐醮祭如作九丹法常燒五香香不絕又金成先以三斤投深水中一斤投市中然後方得恣其意用之耳

抱朴子内篇卷十六終

抱朴子内篇卷十七

晋丹陽葛洪稚川著

登涉

或問登山之道抱朴子曰凡為道合藥及避亂隱居者莫不入山然不知入山法者多遇禍害故諺有之曰太華之下白骨狼藉皆謂偏知一事不能博備雖有求生之志而反強死也山無大小皆有神靈山大則神大山小即神小也入山而無術必有患害或被疾病及傷刺及驚怖不安或見光影或聞異聲或令

大木不風而自摧折巖石無故而自墮落打擊煞人或令人迷惑狂走墮落坑谷或令人遭虎狼毒犯人不可輕入山也當以三月九月此是山開月又當擇其月中吉日佳時若事久不得徐徐須此月者但可選日時耳凡人入山皆當先齋潔七日不經污穢帶昇山符出門作周身三五法又五岳有受殃之歲如九州之地更有衰盛受飛符煞炁則其地君長不可作也按周公城名錄天下分野災之所及可避不可穰居宅亦然山岳皆爾也又大忌不可以甲乙寅卯

之歲正月二月入東岳不以丙丁巳午之歲四月五月入南岳不以庚辛申酉之歲七月八月入西岳不以戊巳之歲四季之月入中岳不以壬癸亥子之歲十月十一月入北岳不須入太華霍山恒山太山嵩高山乃忌此歲其岳之方面皆同禁也又萬物之老者其精悉能假託人形以眩惑人目而常試人唯不能於鏡中易其眞形耳是以古之入山道士皆以明鏡徑九寸已上懸於背後則老魅不敢近人或有來試人者則當顧視鏡中其是仙人及山中好神者顧

鏡中故如人形若是鳥獸邪魅則其形貌皆見鏡中矣又老魅若來其去必却行行可轉鏡對之其後而視之若是老魅者必無踵也其有踵者則山神也昔張蓋一作盍蹹及偶高一作豪成二人並精思於蜀雲臺山石室中忽有一人著黄練單衣葛巾往到其前曰勞乎道士乃辛苦幽隱於是二人顧視鏡中乃是鹿也因問之曰汝是山中老鹿何敢詐為人形言未絶而來人即成鹿而走去林慮山下有一亭其中有鬼每有宿者或死或病常夜有數十人衣色或黄或白

或黑或男或女後郄一作郅伯夷者遇之宿明燈燭而坐誦經夜半有十餘人來與伯夷對坐自共樗蒱博戲伯夷密以鏡照之乃是群犬也伯夷乃執燭起佯誤以燭燼爇其衣乃作燋毛氣伯夷懷小刀因捉一人而刺之初作人叫死而成犬餘犬悉走於是遂絶乃鏡之力也上士入山持三皇内文及五岳真形圖所在召山神及按鬼録召州社及山卿宅尉問之則木石之怪山川之精不敢來試人其次即立七十二精鎮符以制百邪之章及朱官印包元十二印封所

住之四方亦百邪不敢近之也其次執八威之節佩老子玉策則山神可使豈敢為害乎余聞鄭君之言如此實復不能具知其事也余師常告門人曰夫人求道如憂家之貧如愁位之卑者豈有不得耶但患志之不篤務近忘遠聞之則悅偓偓前席未久則忽然若遺毫釐之益未固而丘山之損不已亦安得窮至言之微妙成罔極之峻崇乎抱朴子曰入山之大忌正月午二月亥三月申四月戌五月未一作戌六月卯七月甲子八月申子九月寅十月辰未十一月巳

丑十二月寅入山良日甲子甲寅乙亥乙巳乙卯丙戌丙午丙辰已上日大吉抱朴子曰按九天秘記及太乙遁甲云入山大月忌三日十一日十五日十八日二十四日二十六日三十日小月忌一日五日十三日十六日二十六日二十八日以此日入山必為山神所試又所求不得所作不成不但道士凡人以此日入山皆凶害與虎狼毒蟲相遇也抱朴子曰天地之情狀陰陽之吉凶茫茫乎其亦難詳也吾亦不必謂之有又亦不敢保其無也然黃帝太公皆所信仗

近代達者嚴君平司馬遷皆所據用而經傳有治曆明時剛柔之日古言曰吉日惟戊有自來矣王者立太史之官封拜置立有事宗廟郊祀天地皆擇良辰而近才庸夫自許脫俗舉動所為耻揀善日不亦戇愚哉每伺令入山不得其良時日交下有其驗不可輕入也按玉鈐經云欲入名山不可不知遁甲之秘術而不為人委曲說其事也而靈寶經云入山當以保日及義日若專日者大吉以制日伐日必死又不一一道之也余少有入山之志由此乃行學遁甲書

乃有六十餘卷事不可卒精故抄集其要以為囊中立成然不中以筆傳今論其較略想好事者欲入山行當訪索知之者亦終不乏於世也遁甲中經曰欲求道以天內日天內時劾鬼魅施符書以天禽日天禽時入名山欲令百邪虎狼毒蟲盜賊不敢近人者出天藏入地戶凡六癸為天藏六己為地戶也又曰避亂世絕跡於名山令無憂患者以上元丁卯日名曰陰德之時一名天心可以隱淪所謂白日陸沉日月無光人鬼不能見也又曰求仙道入名山者以六癸之日

六癸之時一名天公日必得度世也又曰往山林中當以左手取青龍上草折半置逢星下歷明堂入太陰中禹步而行三呪曰諾臯太陰將軍獨聞曾孫王甲勿開外人使人見甲者以為束薪不見甲者以為非人則折所持之草置地上左手取土以傅鼻人中右手持草自蔽左手著前禹步而行到六癸下閉氣而住人鬼不能見也凡六甲為青龍六乙為逢星六丙為明堂六丁為陰中也䷾比成既濟卦初一初二跡不任九跡數然相因仍一步七尺又云一尺合

二丈一尺（一作一步三尺）顧視九跡又禹步法正立右足在前左足在後次復前右足以左足從右足併是一步也次復前右足次前左足以右足從左足併是一步也次復前右足以左足從右足併是三步也如此禹步之道畢矣凡作天下百術皆宜知禹步不獨此事也抱朴子曰靈寶經曰所謂寶日者謂支干上生下之日也若用甲午乙巳之日是也甲者木也午者火也乙亦木也巳亦火也火生於木故也又謂義日者支干下生上之日也若壬申癸酉之日是也壬者水

也申者金也癸者水也酉者金也水生於金故也所謂制日者支干上克下之日也若戊子己亥之日是也戊者土也子者水也己亦土也亥亦水也五行之義土克水也所謂伐日者支干下克上之日若甲申乙酉之日是也甲者木也申者金也乙亦木也酉亦金也金克木故也他皆倣此引而長之皆可知之也

抱朴子曰入名山以甲子開除日以五色繒各五寸懸大石上所求必得又曰入甲宜知六甲秘祝祝曰臨兵鬭者皆陣列前行凡九字常當密祝之無所不

辟要道不煩此之謂也抱朴子曰山中山精之形如小兒而獨足走向後喜來犯人人入山若夜聞人音聲大語其名曰蚑知而呼之即不敢犯人也一名熱內亦可兼呼之又有山精如鼓赤色亦一足其名曰暉又或如人長九尺衣裘戴笠名曰金累或如龍而五色赤角名曰飛飛見之皆以名呼之或下飛字作龍即不敢為害也抱朴子曰山中有大樹有能語者非樹能語也其精名曰雲陽呼之則吉山中夜見火光者皆久枯木所作勿怪也山中夜見胡人者銅鐵之精見

秦者百歲木之精勿怪之並不能為害山水之間見吏人者名曰四徼呼之名即吉山中見大蛇著冠幘者名曰升卿呼之即吉山中見吏若但聞聲不見形呼人不止以白石擲之則息矣一法以葦為矛以刺之即吉山中見鬼來喚人求食不止者以白茅投之即死也山中鬼常迷惑使失道徑者以葦杖投之即死也山中寅日有自稱虞吏者虎也稱當路君者狼也稱令長者老狸也卯日稱丈人者兔也稱東王父者麋也稱西王母者鹿也辰日稱雨師者龍也稱河

伯者魚也稱無腸公子者蟹也巳日稱寡人者社中蛇也稱時君者龜也午日稱三公者馬也稱仙人者老樹也未日稱主人者羊也稱吏者麞也申日稱人君者猴也稱九卿者猨也酉日稱將軍者雞也稱捕賊者雉也戌日稱人姓字者犬也稱成陽公者狐也亥日稱婦人者金玉也稱神君者豬也子日稱社君者鼠也稱神人者伏翼也丑日稱書生者牛也但知其物名則不能為害也或問曰隱居山澤辟蛇蝮之道抱朴子曰昔圓丘多大蛇又生好藥黄帝將登焉

廣成子教之佩雄黄而衆蛇皆去今帶武都雄黄色如雞冠者五兩以上以入山林草木則不畏蛇蛇若中人以少許雄黄末内瘡中亦登時愈也蛇種雖多唯有蝮蛇及青金蛇中人爲至急不治之一日則煞人人不曉治之方術者而爲此二蛇所中卽以刀割所傷瘡肉以投地其肉沸如火炙須臾焦盡而人得活此蛇七八月毒盛之時不得齧人而其毒不泄乃以牙齧大竹及小木皆卽燋枯今爲道士入山徒知大方而不曉辟之之道亦非小事也未入山當預

止於家先學作禁法思日月及朱雀玄武青龍白虎以衛其身乃行到山林草木中左取三口炁閉之以吹山草中意思令此炁赤色如雲霧彌滿數十里中若有從人無多少皆令羅列以炁吹之雖踐蛇蛇不敢動亦略不逢見蛇也若或見蛇因向日左取三炁閉之以舌柱天以手捻都關又閉天門塞地户因以物抑蛇頭而手縈之畫地作獄以盛之亦可捉弄也以繞頭頸不敢齧人也自不解禁吐炁以吹之亦終不得復出獄去也若他人爲蛇所中左取三口炁以

吹之即愈不復痛若相去十數里者亦可遥爲作炁呼彼姓字男祝我左手女祝我右手彼亦愈也介先生法到山中住思作五色蛇各一頭乃閉炁以青竹及小木板屈刺之左徊禹步思作吴蚣數千板以衣其身乃去終亦不逢蛇也或以乾姜附子帶之肘後或燒牛羊鹿角薰身或帶王方平雄黄丸或以猪耳中垢及麝香丸著足爪甲中皆有效也又麝香及野猪皆啖蛇故以厭之也又運日鳥及蠳龜亦皆啖蛇故南人入山皆帶蠳龜之尾運日之喙以辟蛇蛇中

人刮此二物以塗其瘡亦登時愈也雲日是鴆鳥之別名也又南人入山皆以竹管盛活吳蚣蚣知有蛇之地便動作於管中如此則詳視草中必見蛇也大蛇丈餘身出一圍者吳蚣見之而能以炁禁之蛇即死矣蛇見吳蚣在涯岸間大蛇走入川谷深水底逃其吳蚣但浮水上禁人見有物正青大如綖者直下入水至蛇處須臾蛇浮出而死故南人因此末吳蚣治蛇瘡皆登愈也或問曰江南山谷之間多諸毒惡辟之有道乎抱朴子答曰中州高原土氣清和上國名

山了無此輩今吳楚之野暑濕鬱蒸雖衡霍正岳猶多毒螫也又有短狐一名蜮一名射工一名射影其實水蟲也狀如鳴蜩狀似三合盃有翼能飛無目而利耳口中有横物角弩如聞人聲緣口中物如角弩以氣為矢則因水而射人中人身者即發瘡中影者亦病而不即發瘡不曉治之者煞人其病似大傷寒不十日皆死又有沙虱水陸皆有其新雨後及晨暮前跋涉必著人唯烈日草燥時差稀耳其大如毛髮之端初著人便入其皮裏其所在如芒刺之狀小犯

大痛可以針挑取之正赤如丹著爪上行動也若不挑之蟲鑽至骨便周行走入身其與射工相似皆煞人人行有此蟲之地每還所住輒當以火灸燎令遍身則此蟲墮地也若帶八物麝香丸及度世丸及護命丸及玉壺丸犀角丸及七星丸及薺苨皆辟沙虱短狐也若卒不能得此諸藥者但可帶好生麝香亦佳以雄黃大蒜等分合擣帶一丸如雞子大者亦善若已為所中者可以此藥塗瘡亦愈㕮咀赤莧汁飲之塗之亦愈五茄根及懸鉤草葍藤此三物皆可各

單行可以擣服其汁一二升又射工蟲冬天蟄於山谷間大雪時索之此蟲所在其雪不積留氣起如灼蒸當掘之不過入地一尺則得也陰乾末帶之夏天自辟射工也若道士知一禁方及洞百禁常存禁及守眞一者則百毒不敢近之不假用諸藥也或問道士山居棲巖庇岫不必有細縟之溫直使我不畏風濕敢問其術也抱朴子曰金餅散三陽液昌辛凡菫草耐冬煎獨搖膏茵芋玄華散秋地黃血丸皆不過五十日服之而止可以十年不畏風濕若服金丹大

藥雖未能乘虛輕舉然體不受疾雖當風卧濕不能傷
也服此七藥皆謂始學道者耳姚先生但服三陽液
便袒卧冰上了不寒振此皆介先生及梁有道卧石
上及秋冬當風寒已試有驗秘法也或問涉江渡海
辟蛟龍之道抱朴子曰道士不得已而當游涉大川
者皆先當於水次破雞子一枚以少許粉雜香末合
攪器水中以自洗濯則不畏風波蛟龍也又佩東海
小童符及制水符蓬萊札皆却水中之百害也又有
六甲三金符五木禁又法臨川先祝曰卷蓬卷蓬或作

引逢引逢河伯導前辟蛟龍萬災消滅天清明又金簡記云以五月丙午日日中擣五石下其銅五石者雄黃丹砂雌黃礬石曾青也皆粉之以金華池浴之内六一神爐中鼓下之以桂木燒為之銅成以剛炭鍊之令童男童女進火取牝銅以為雄銅取牡銅以為雌銅各長五寸五分取土之數以厭水精也帶之以水行則蛟龍巨魚水神不敢近人也欲知銅之牝牡當令童男童女俱以水灌銅灌銅當以在火中向赤時也則銅自分為兩段有凸起者牡銅也有凹陷者牝

銅也各刻名識之欲入水以雄者帶左以雌者帶右但乘船不身涉水者其陽日帶雄陰日帶雌又天文大字有北帝書寫帛而帶之亦辟風波蛟龍水蟲也

或問曰辟山川廟堂一作座百鬼之法抱朴子曰道士常帶天水符及上皇竹使符老子左契及守眞一思三部將軍者鬼不敢近人也其次則論百鬼錄知天下鬼之名字及白澤圖九鼎記則衆鬼自却其次服鶉子赤石丸及曾青夜光散及葱實烏眼丸及吞白石英祇母散皆令人見鬼即鬼畏之矣抱朴子曰有

老君黃庭中胎四十九真秘符入山林以甲寅日丹書白素夜置案中向北斗祭之以酒脯各少少自說姓名再拜受取內衣領中辟山川百鬼萬精虎狼蟲毒也何必道士亂世避難入山林亦宜知此法也

入山符

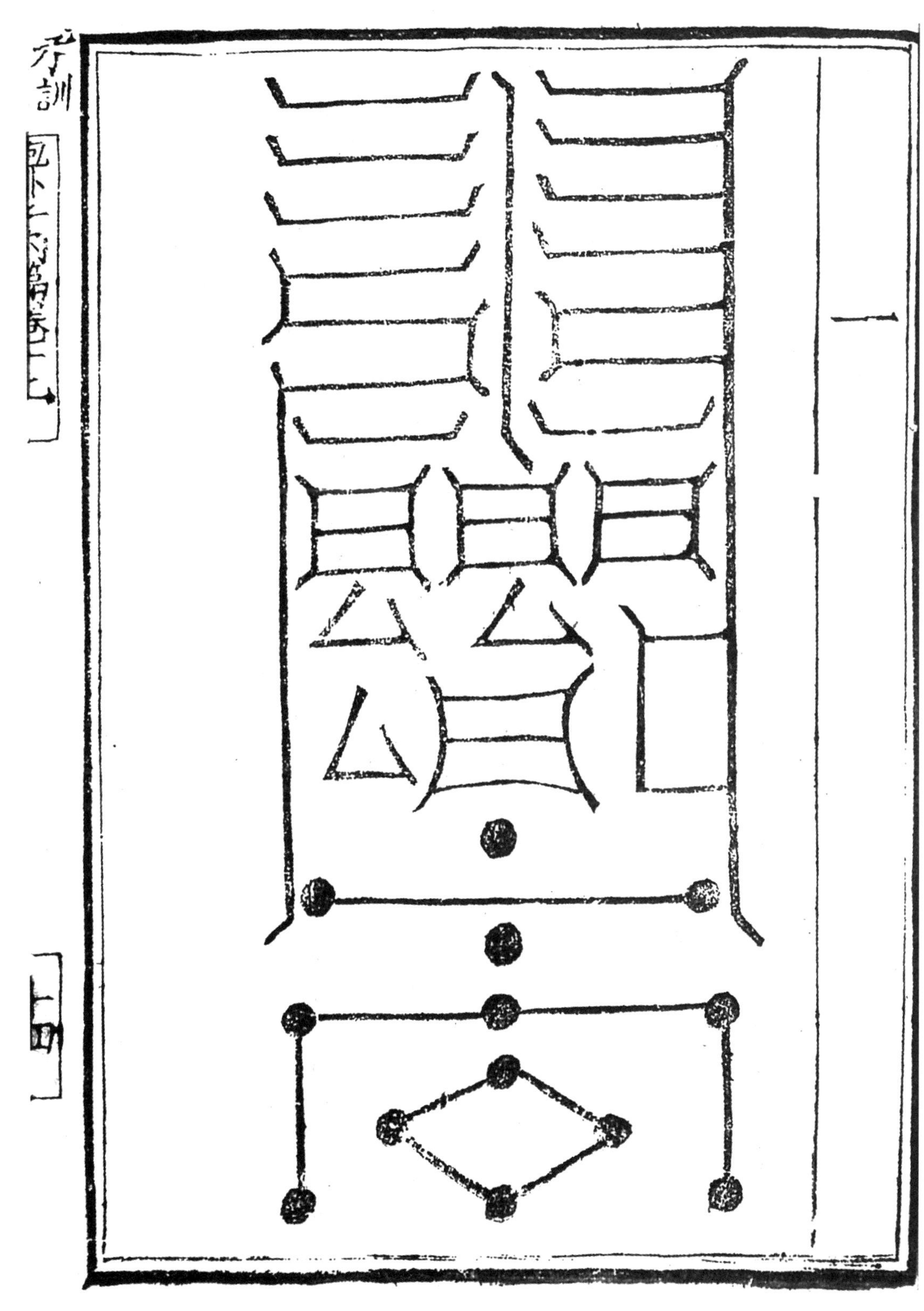

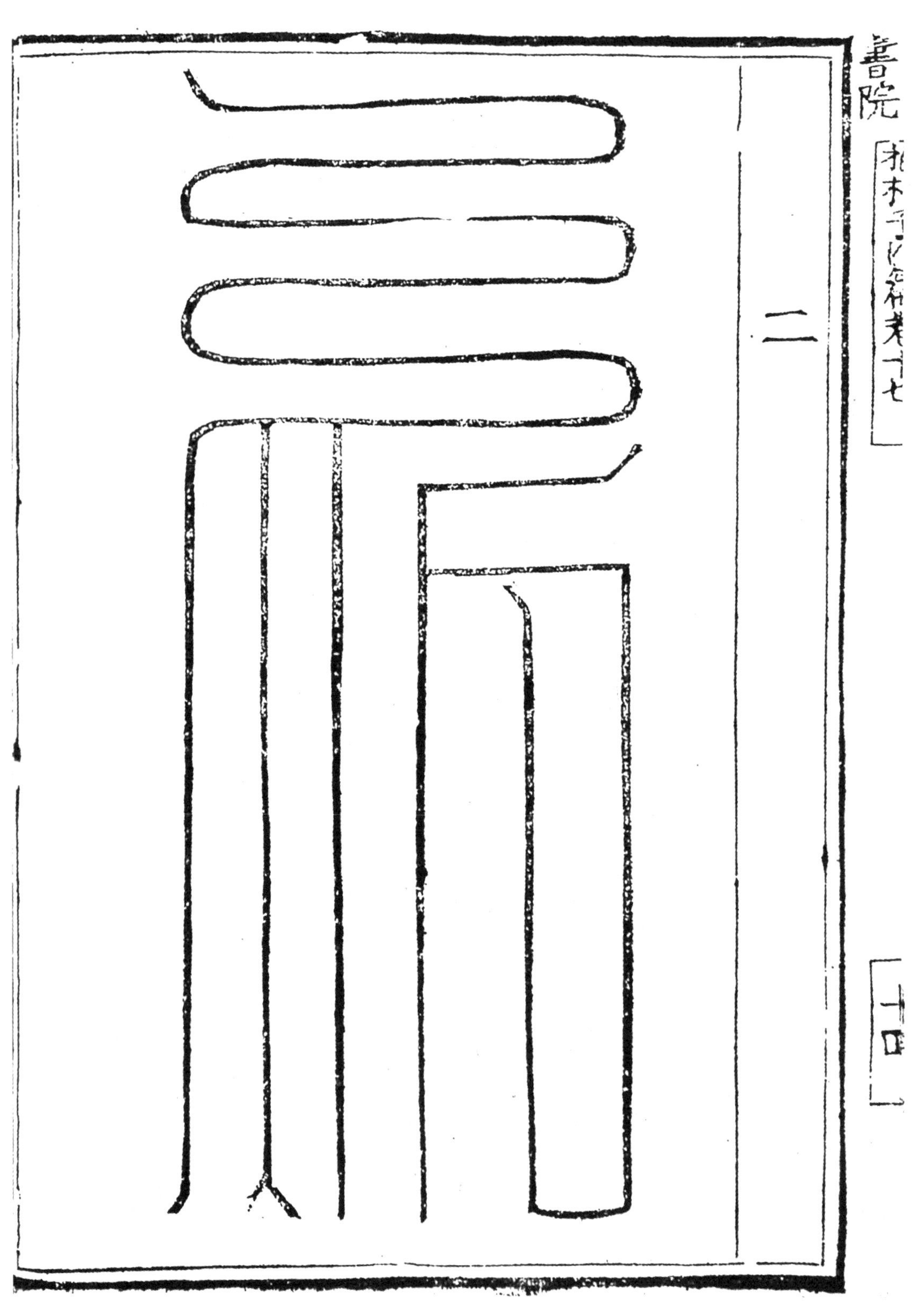
書院
抱朴子内篇卷十七
二
十四

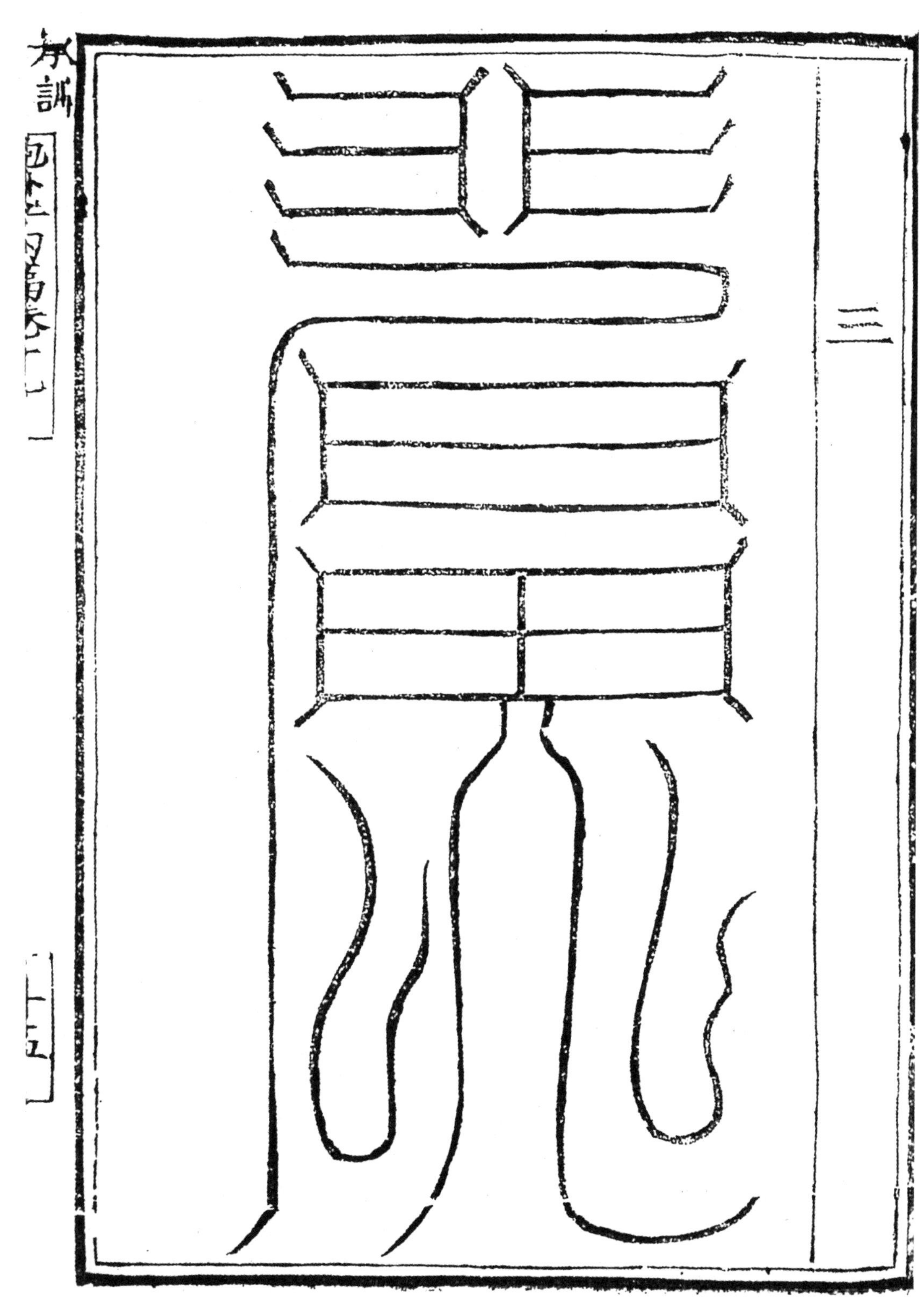
三

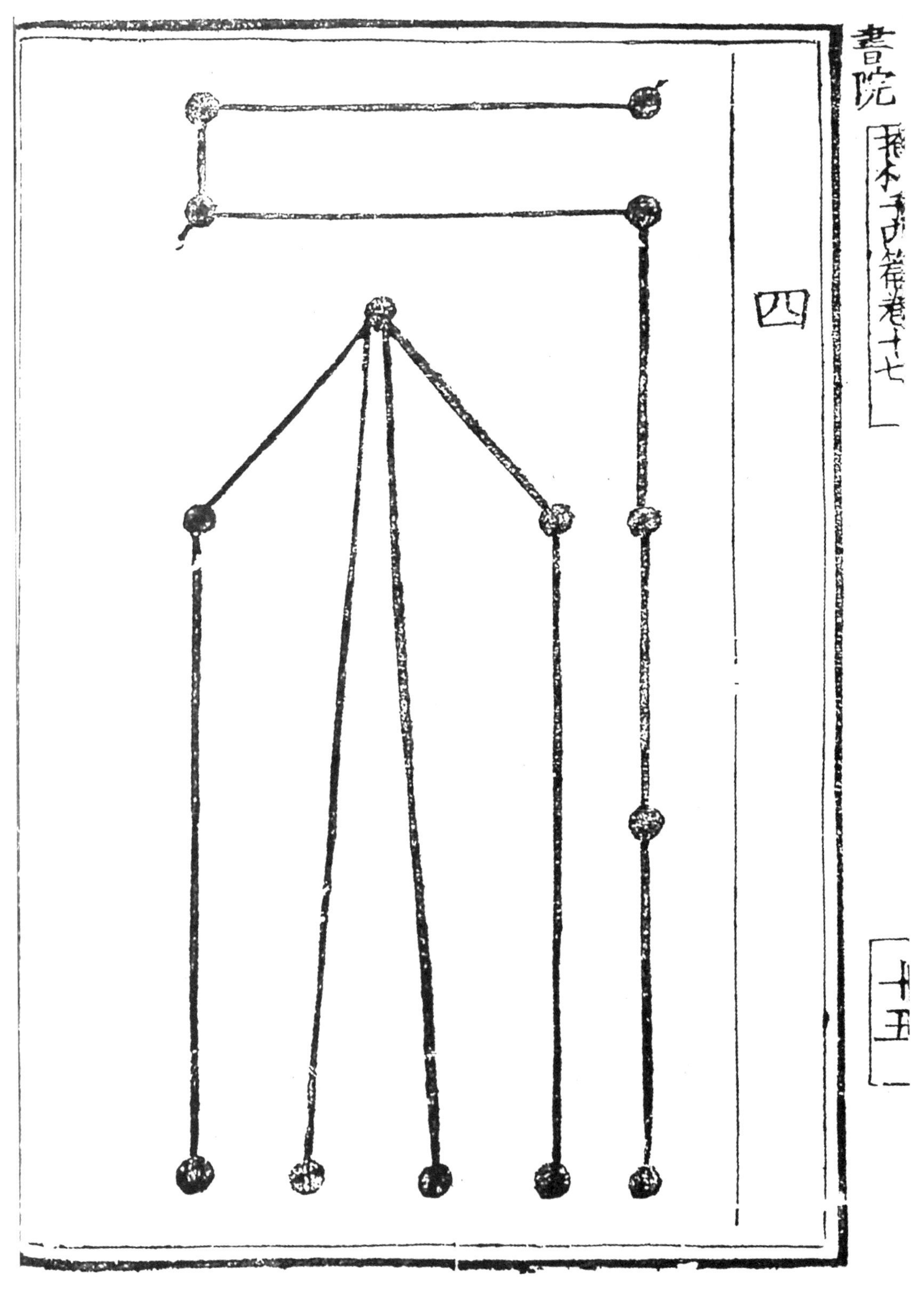
書院
抱朴子內篇卷十七
四
十五

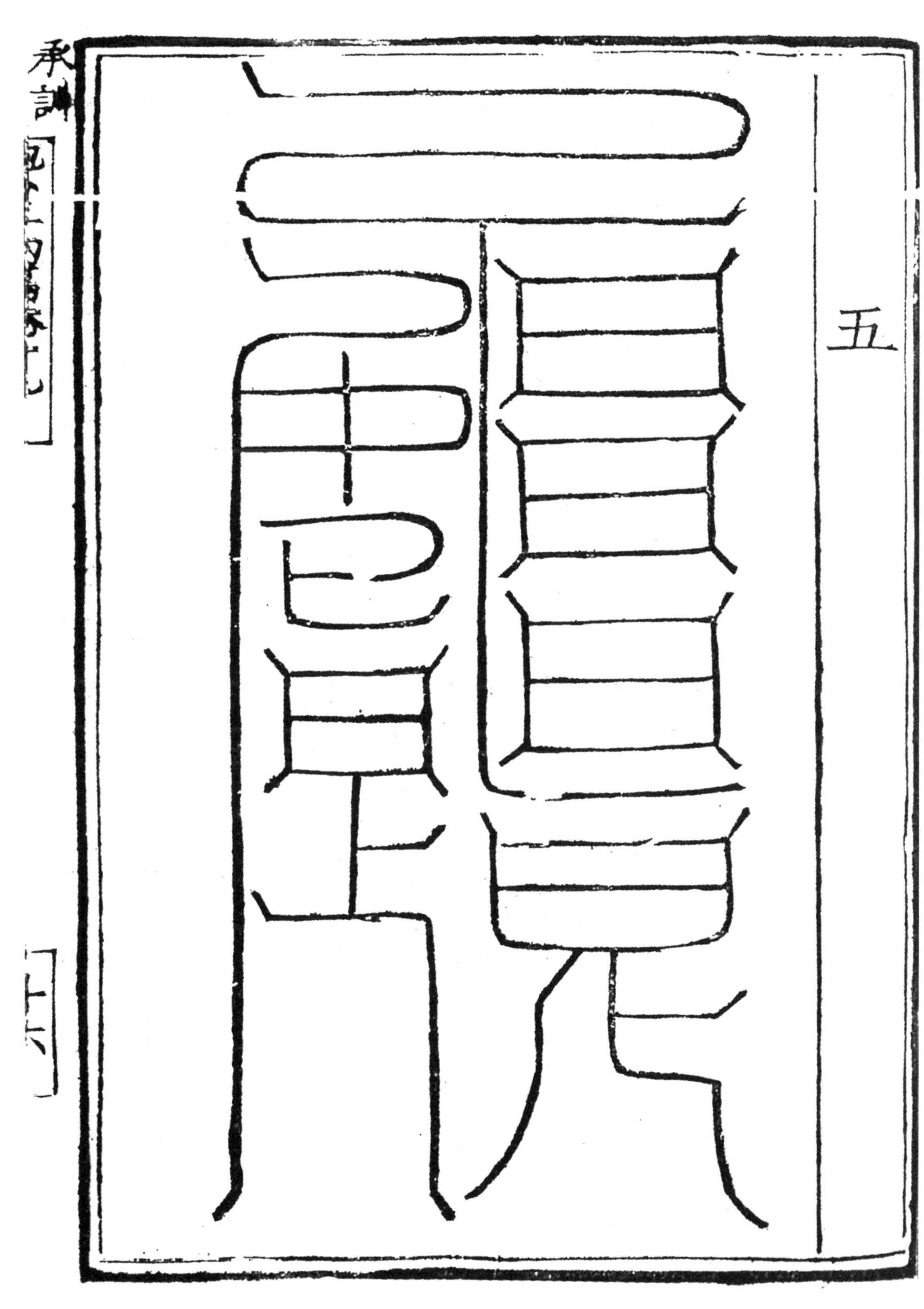
承詔
五

抱朴子曰上五符皆老君入山符也以丹書桃板上大書其文字令彌滿板上以著門戶上及四方四隅及所道側要處去所住處五十步內辟山精鬼魅戶內梁柱皆可施安凡人居山林及暫入山皆可用即衆物不敢害也三符以相連著一板上意謂爾非葛氏

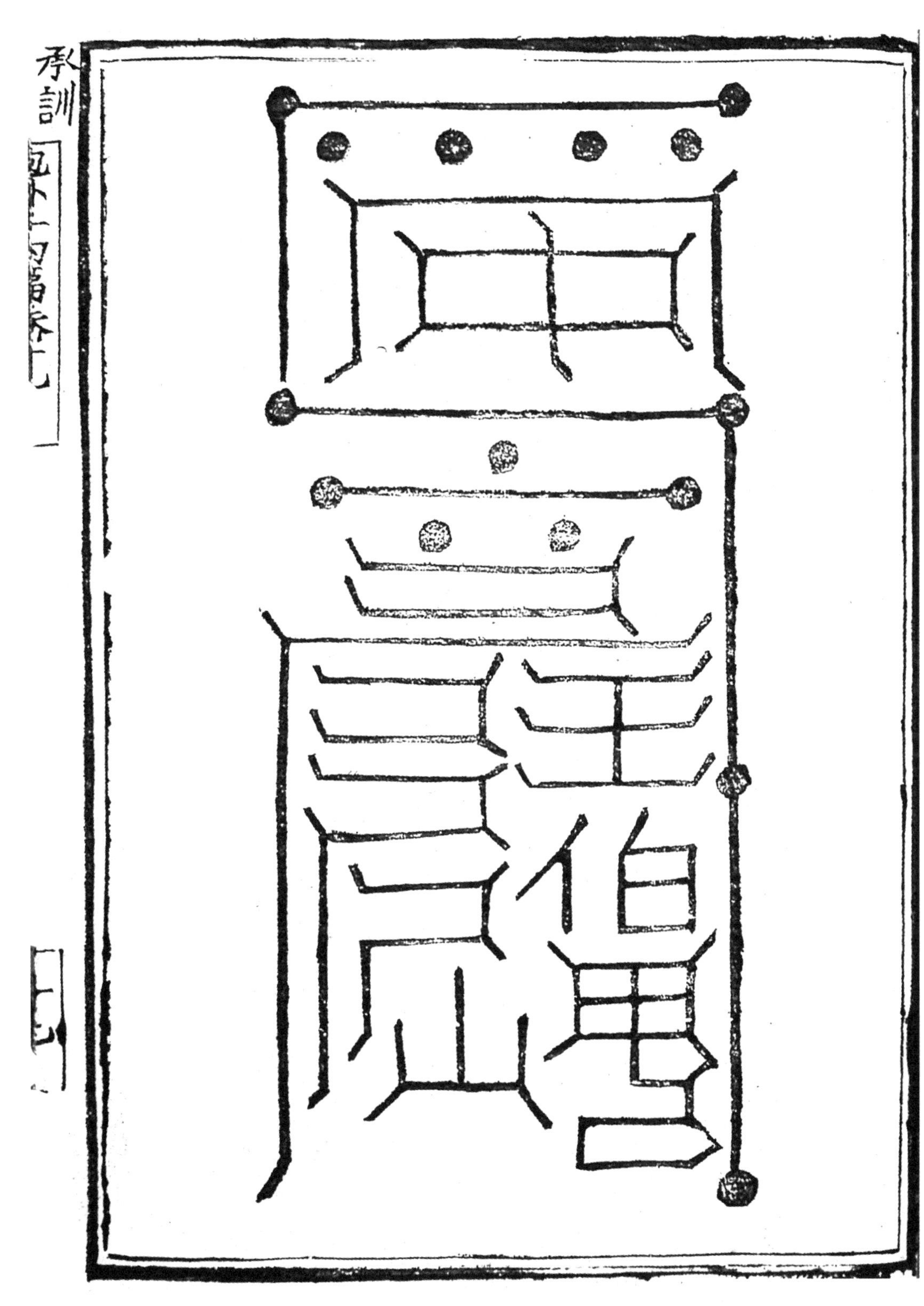
承訓

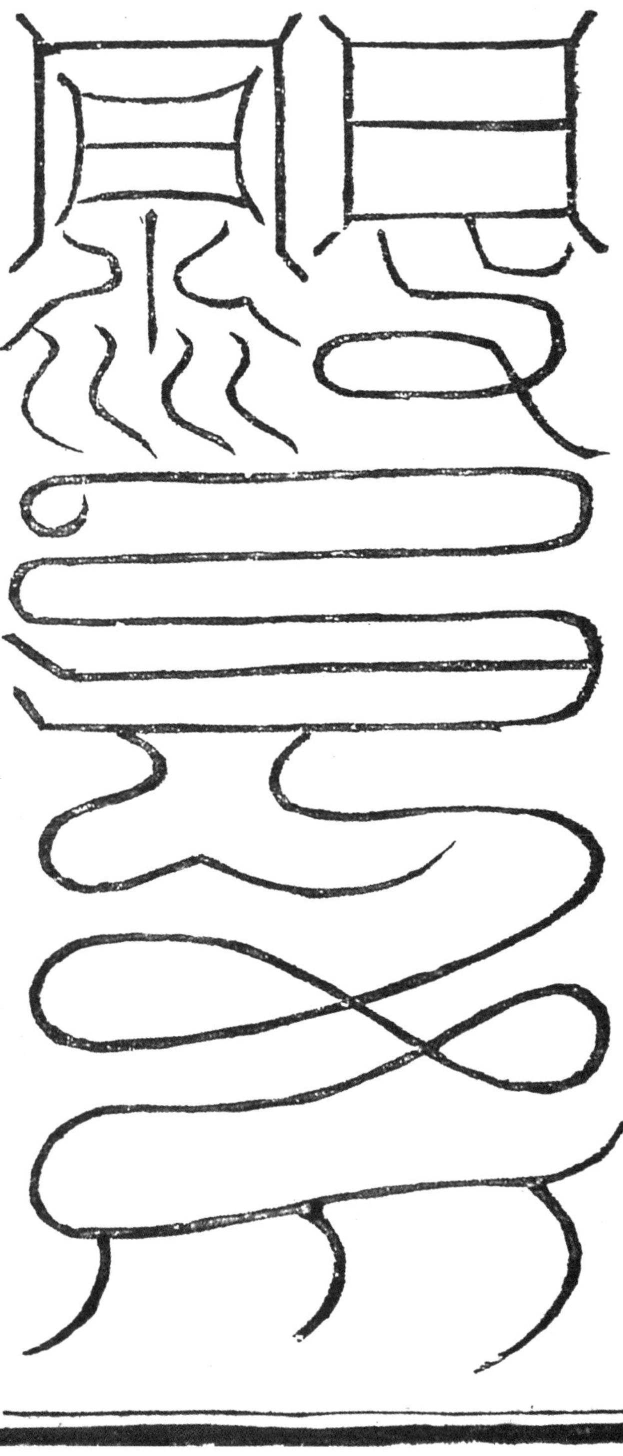

抱朴子曰此符亦是老君入山符戶內梁柱皆可施

凡人居山林及暫入山皆宜用之也

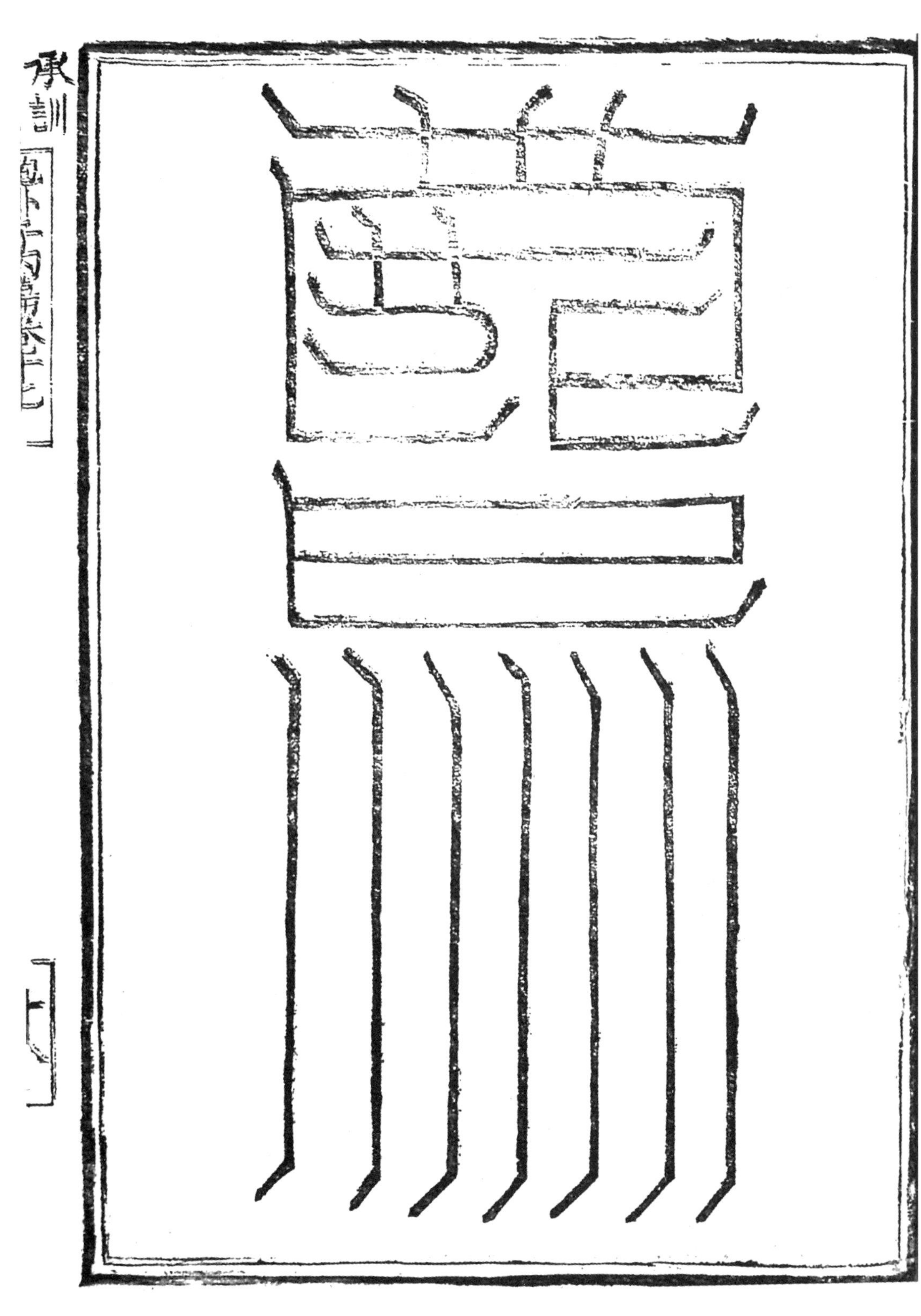
承訓
抱朴子內篇卷十七
十七

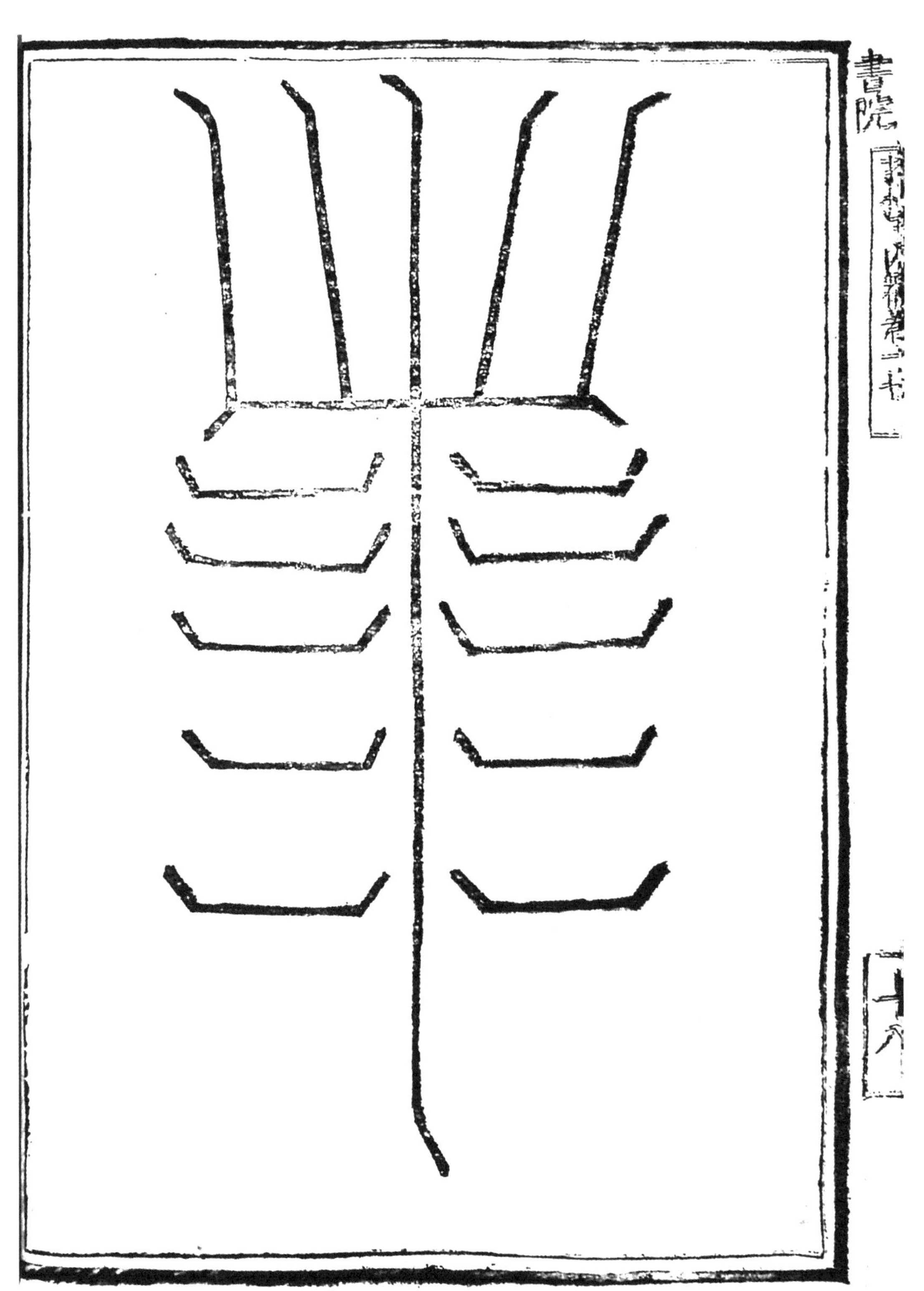

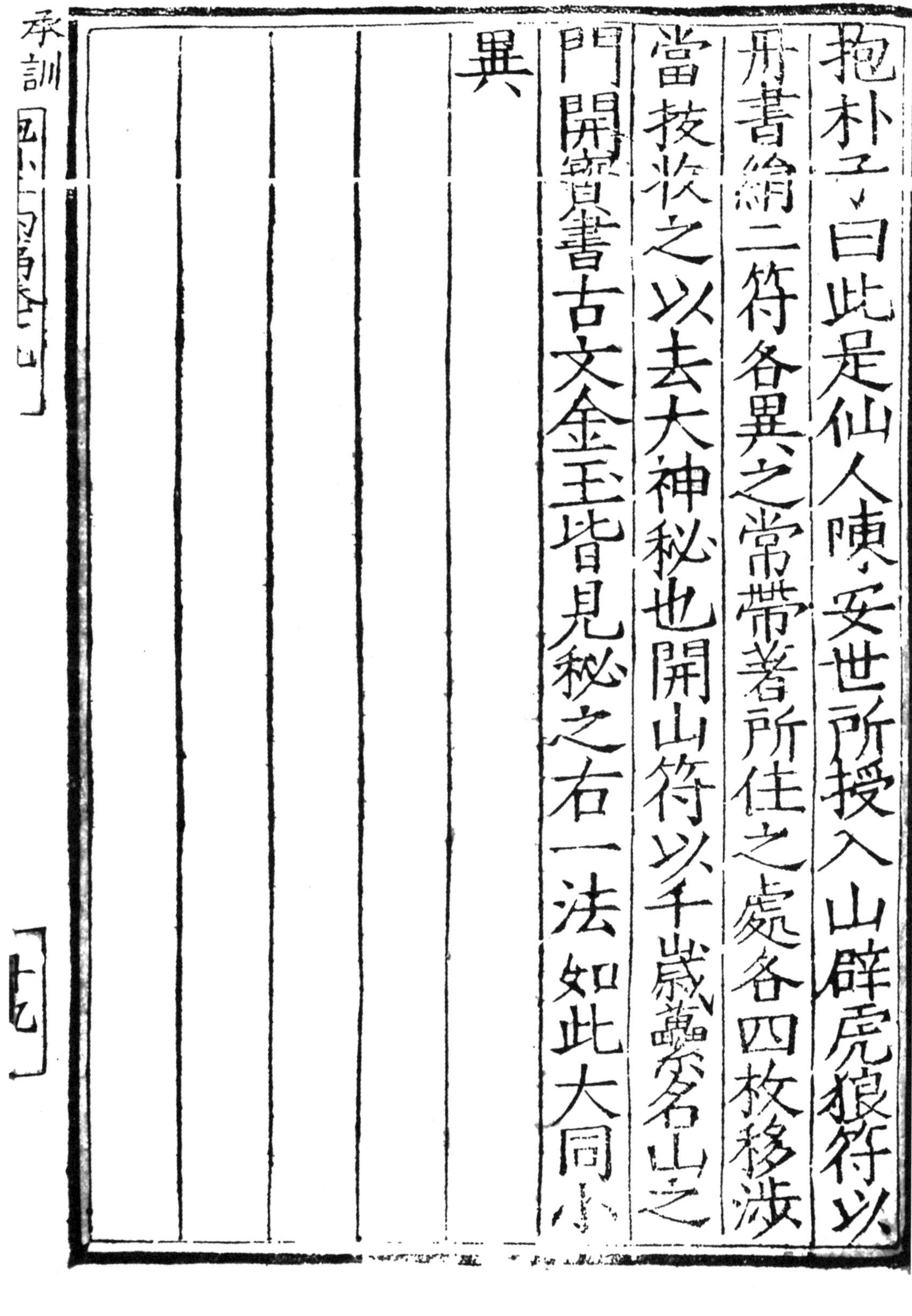

抱朴子曰此是仙人陳安世所授入山辟虎狼符以丹書絹二符各異之常帶著所住之處各四枚移涉當按牧之以去大神秘也開山符以千歲虆名山之門開寶書古文金玉皆見秘之右一法如此大同小異

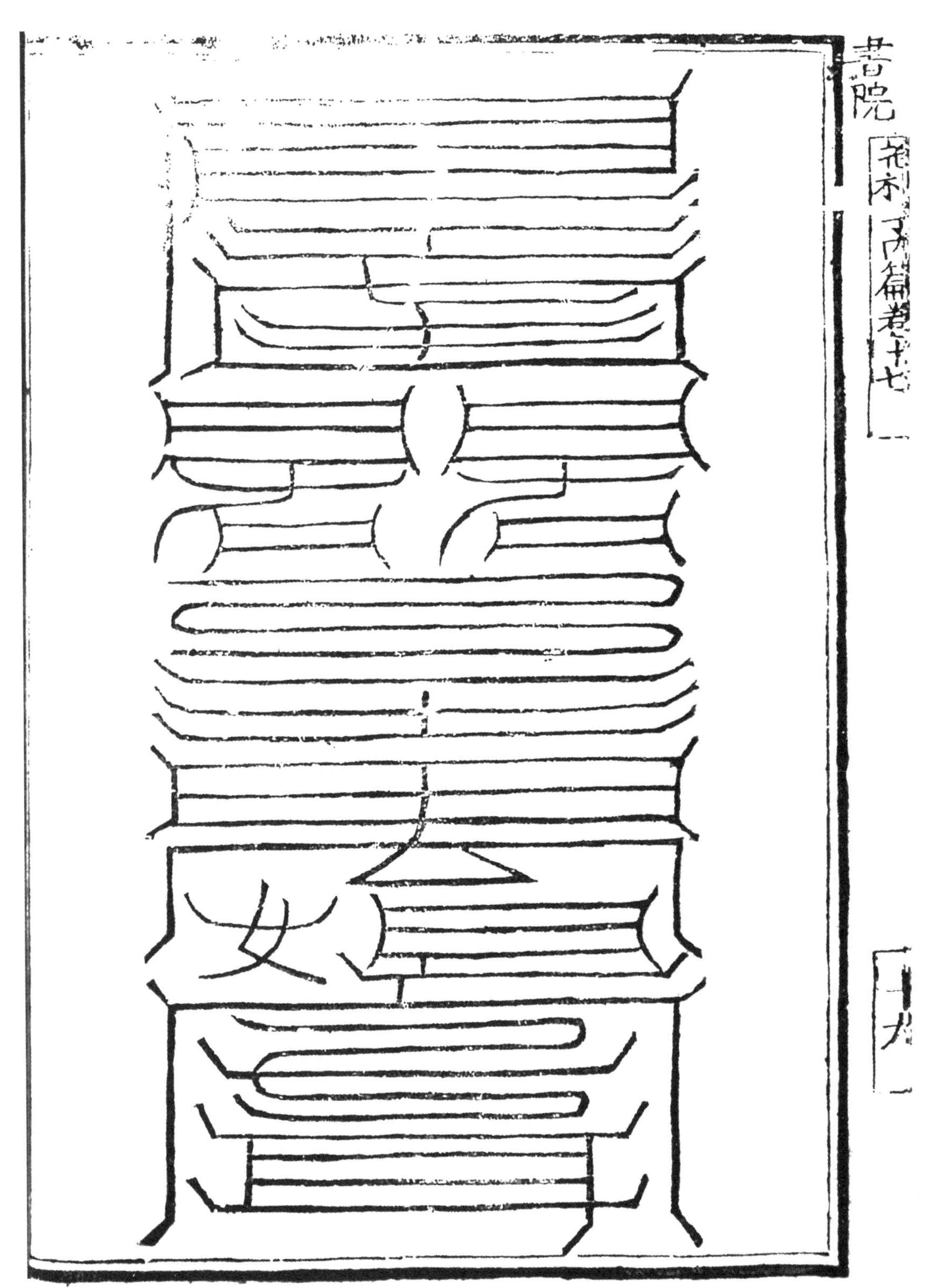

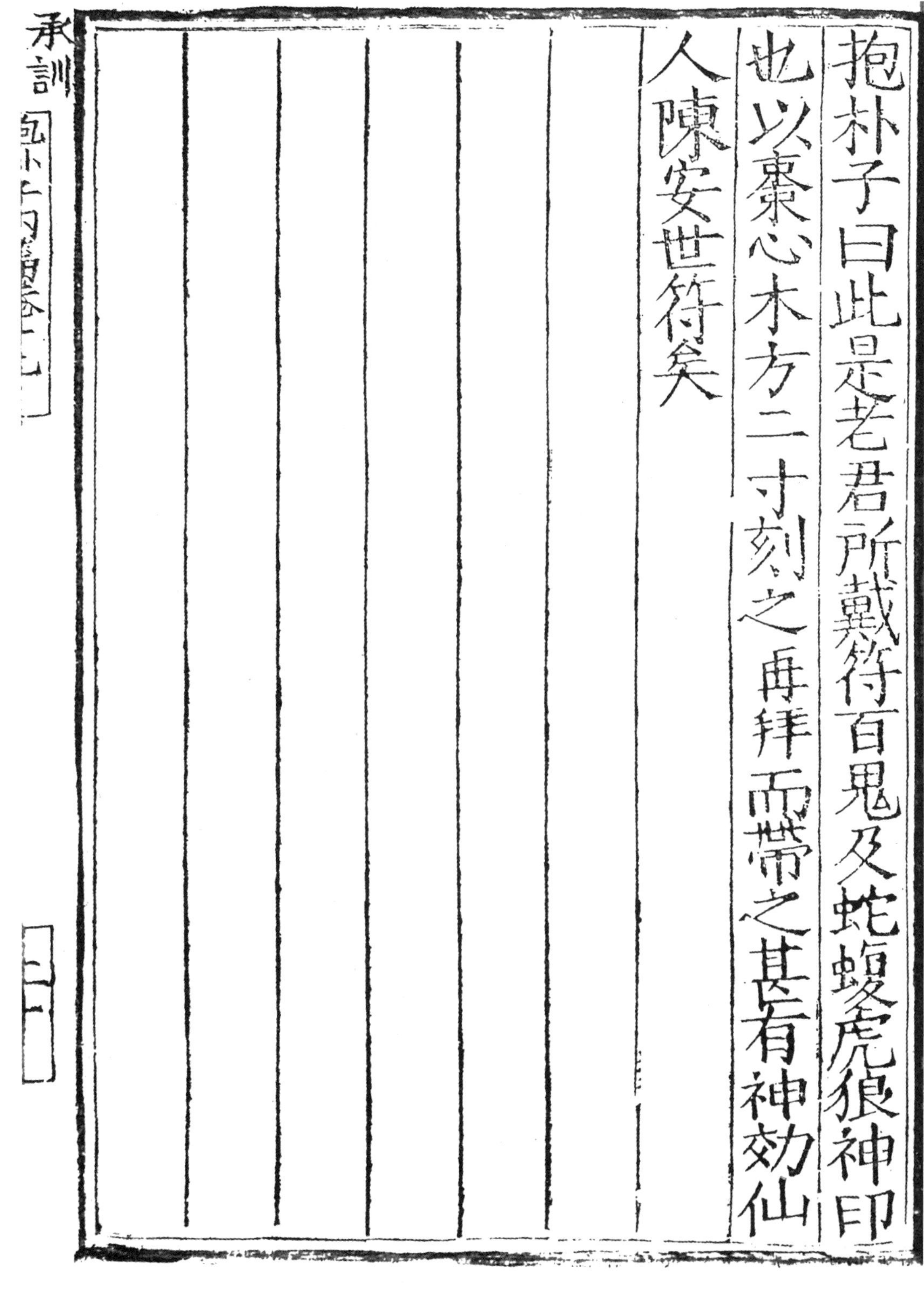

抱朴子曰此是老君所戴符百鬼及蛇蝮虎狼神印也以棗心木方二寸刻之再拜而帶之甚有神効仙人陳安世符矣

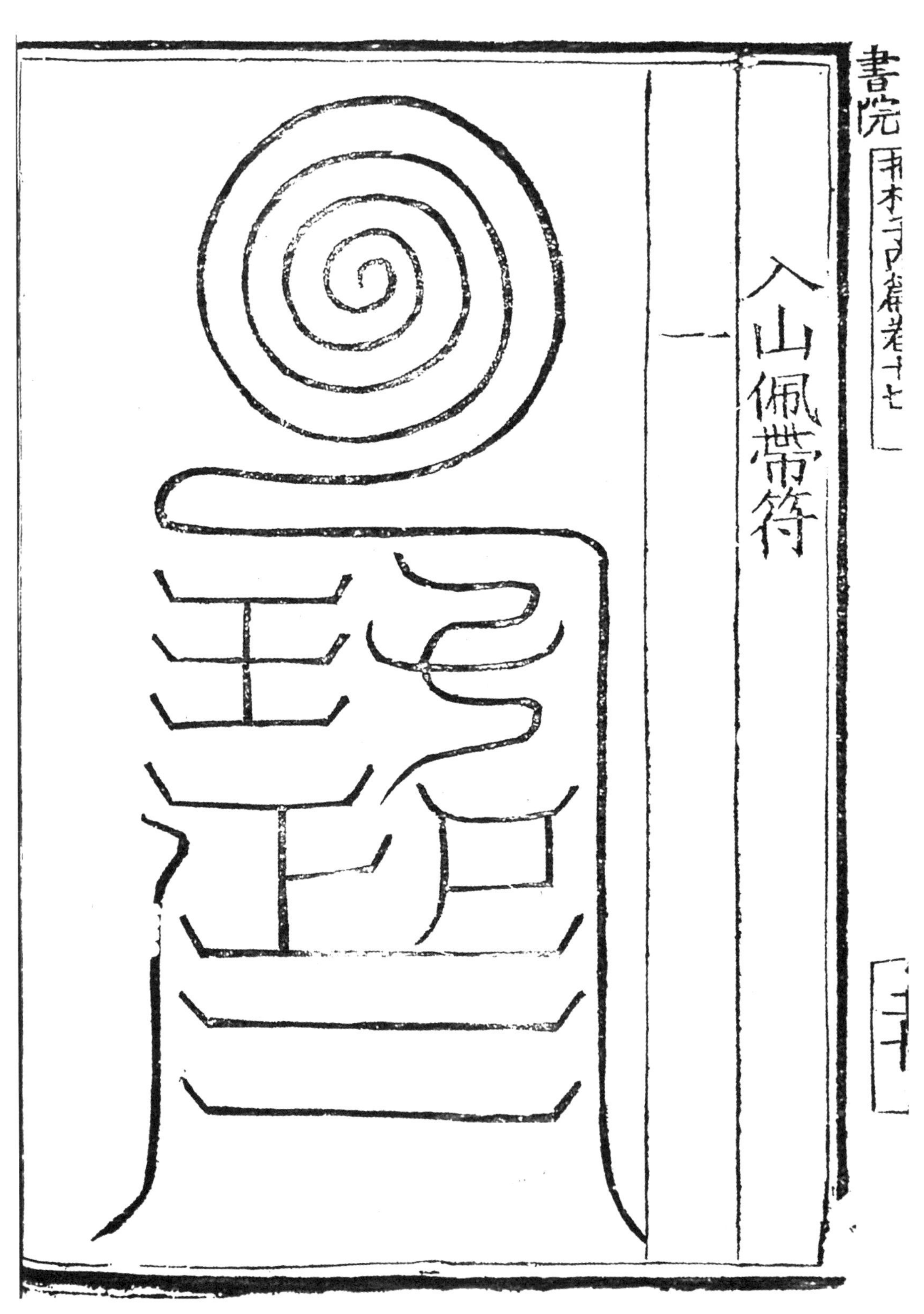

入山佩帶符

一

書院　抱朴子內篇卷十七　二十

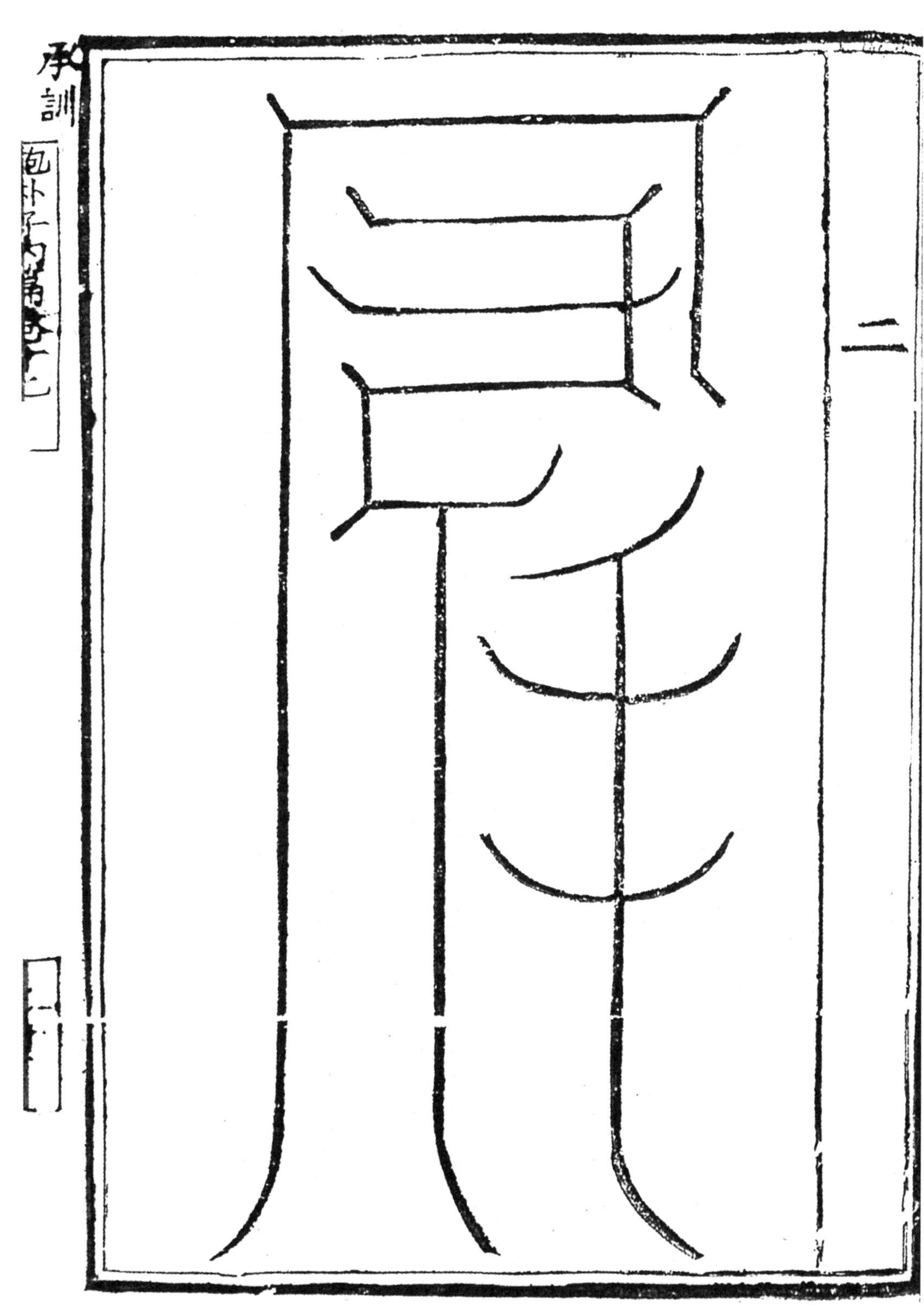

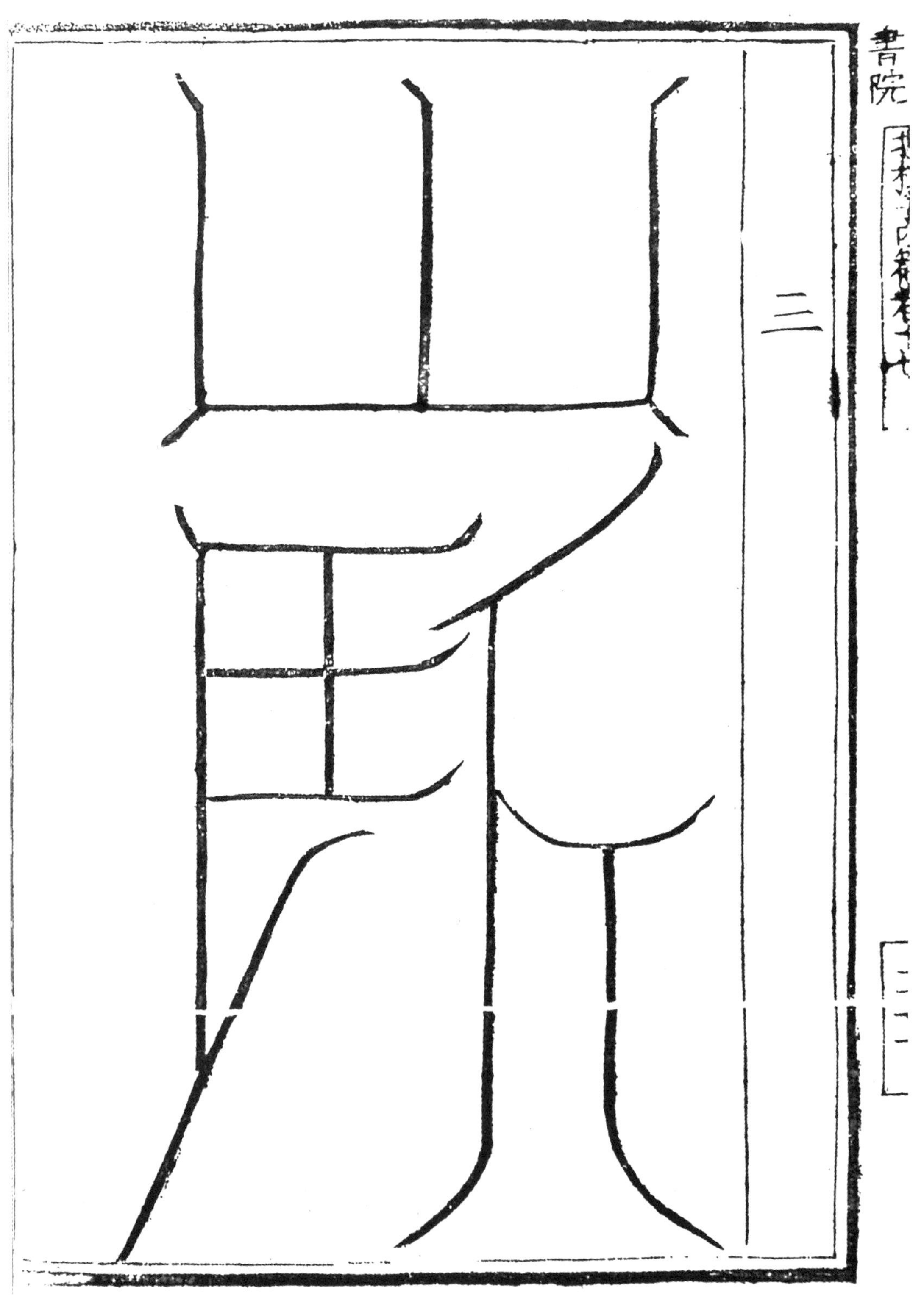

此三符兼同著牛馬屋左右前後及猪欄上辟虎狼也或問曰昔聞談昌或步行水上或久居水中以何法乎抱朴子曰以葱涕和桂服如梧桐子大七九日三服至三年則能行水上也鄭君言但習閉氣至千息久久則能居水中一日許得真通天犀角三寸以上刻以為魚而銜之以入水水常為人開方三尺可得氣息水中又通天犀角有一赤理如綖有自本徹末以角盛米置群雞中雞欲啄之未至數寸即驚却退故南人或名通天犀為駭雞犀以此犀角著穀積

上百鳥不敢集大霧重露之夜以置中庭終不沾濡也此犀獸在深山中晦冥之夕其光正赫然如炬火也以其角為導毒藥為湯以此導攪之皆生白沫湧起則了無復勢也以攪無毒物則無沫起也故以是知之者也若行異域有蠱毒之鄉每於他家飲食則常先以犀攪之也人有為毒箭所中欲死以此犀文刺瘡中其瘡即沫出而愈也通天犀所以能煞毒者其為獸專食百草之有毒者及衆木有刺棘者不妄食柔滑之草木也歲一解角於山中石間人或得之

則須刻木色理形狀令如其角以代之犀不能覺後年輙更解角著其處也他犀亦辟惡解毒耳然不能如通天者之妙也或食六戊符千日或以赤斑蜘蛛及七重水馬以合馮夷水仙丸服之則亦可以居水中又以塗蹠下則可以步行水上也頭垢猶足以使金鐵浮水況妙於茲乎或問為道者多在山林山林多虎狼之害也何以辟之抱朴子曰古之人入山者皆佩黃神越章之印其廣四寸其字一百二十以封泥著所住之四方各百步則虎不敢近其內也行見

新虎跡以印順印之虎即去以印逆印之虎即還帶此印以行山林亦不畏虎狼也不但只辟虎狼若有山川社廟血食惡神能作福禍者以印封泥斷其道路則不復能神矣昔石頭水有大黿常在一深潭中人因名此潭為黿潭此物能作鬼魅行病於人吳有道士戴昞者偶視之以越章封泥作數百封乘舟以此封泥遍擲潭中良久有大黿徑長丈餘浮出不敢動乃格煞之而病者並愈也又有小黿出羅列死於渚上甚多山中卒逢虎便作三五禁虎亦即却去三

五禁法當須口傳筆不能委曲矣一法直思吾身為朱鳥令長三二一作丈而立來虎頭上因即閉氣虎即去若暮宿山中者密取頭上釵閉氣以刺白虎上則亦無所畏又法以左手持刀閉氣畫地作方祝曰恒山之陰太山之陽盜賊不起虎狼不行城郭不完閉以金關因以刀橫旬日中白虎上亦無所畏也或用大禁吞三百六十氣左取右以叱虎虎亦不敢起以此法入山亦不畏虎或用七星虎步及玉神符八威五勝符李耳太平符中黃華蓋印文及石流黃散燒牛

羊角或立西岳公禁山符皆有驗也闕此四符也

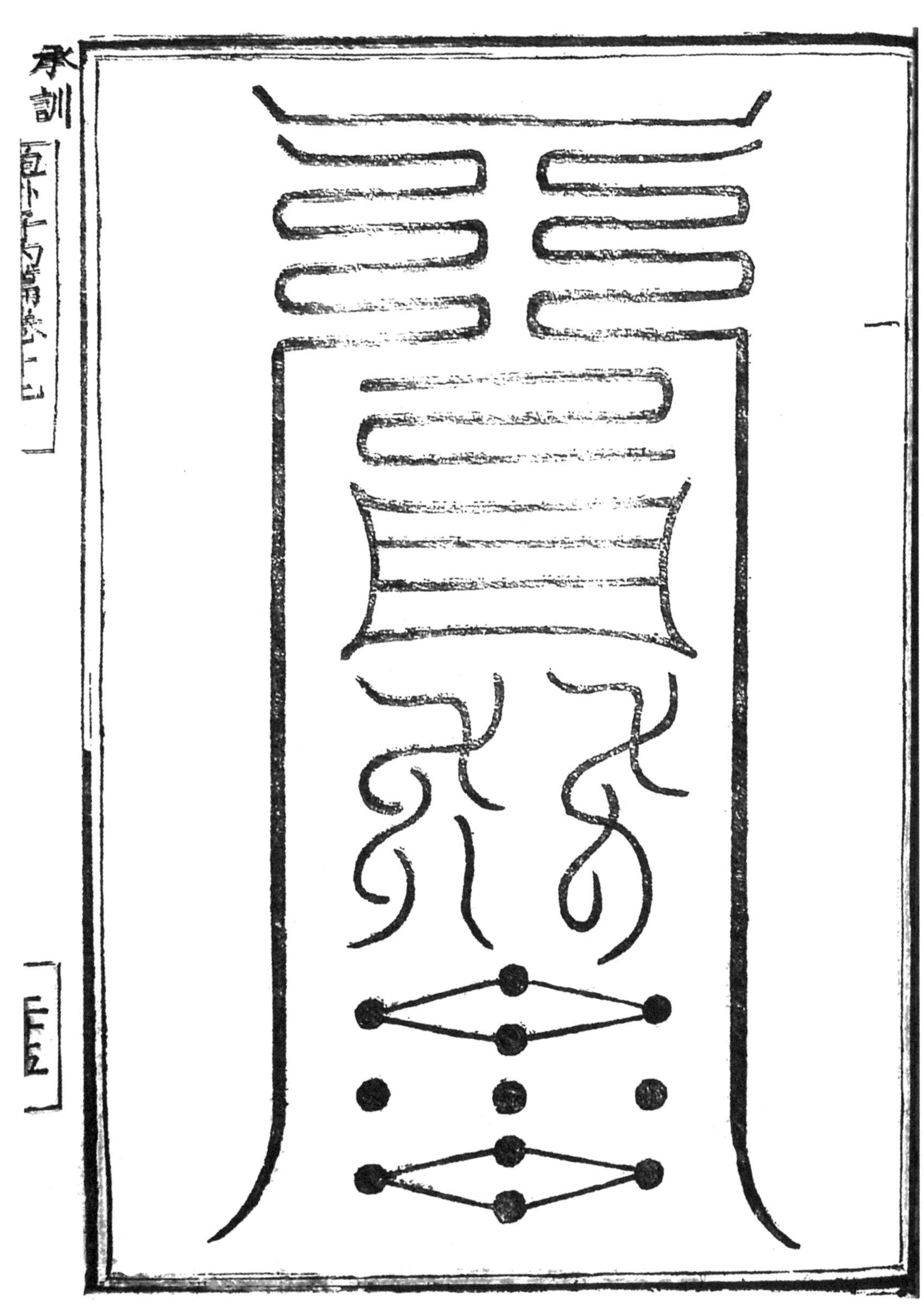
承訓
抱朴子内篇卷十七

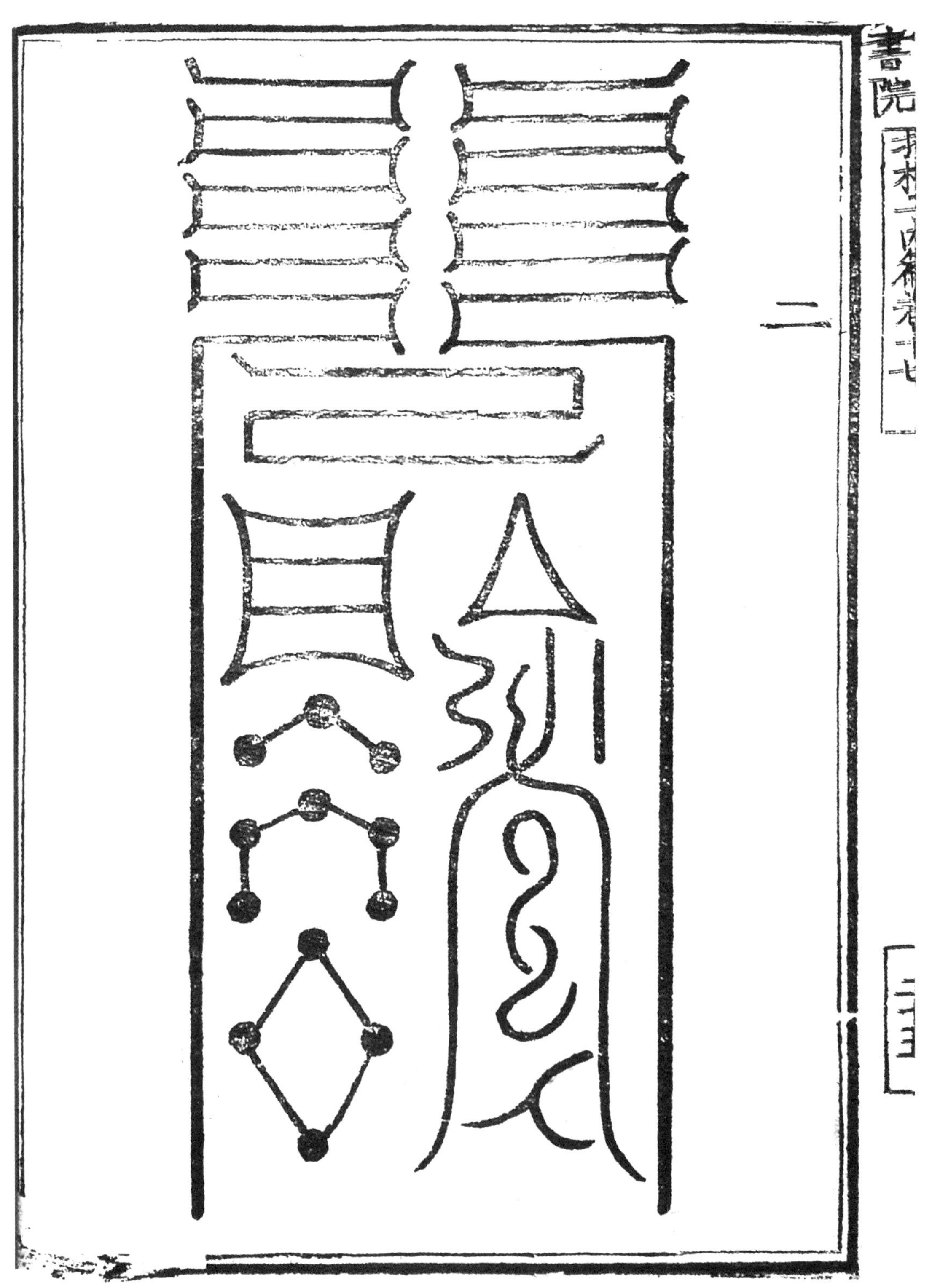

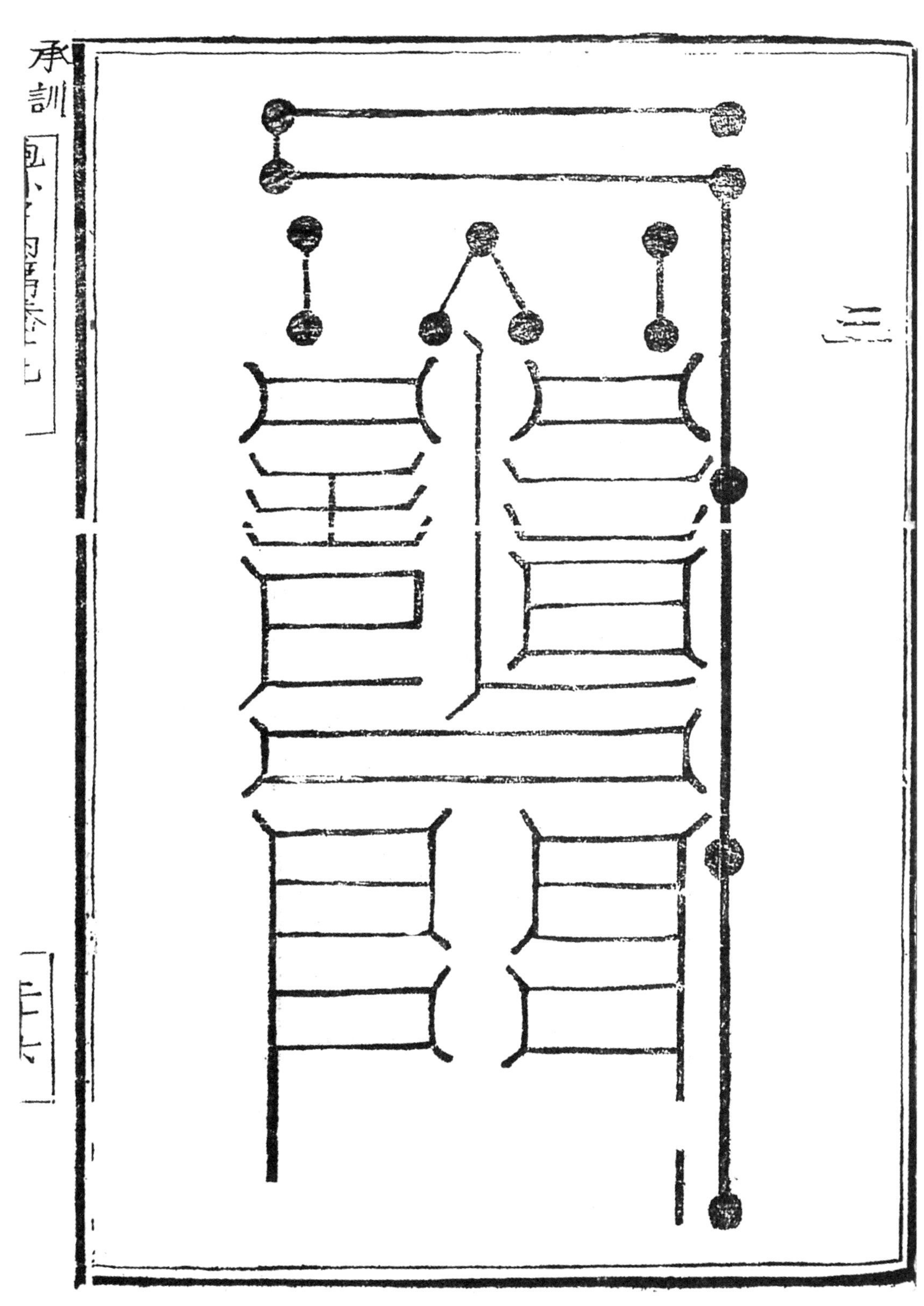

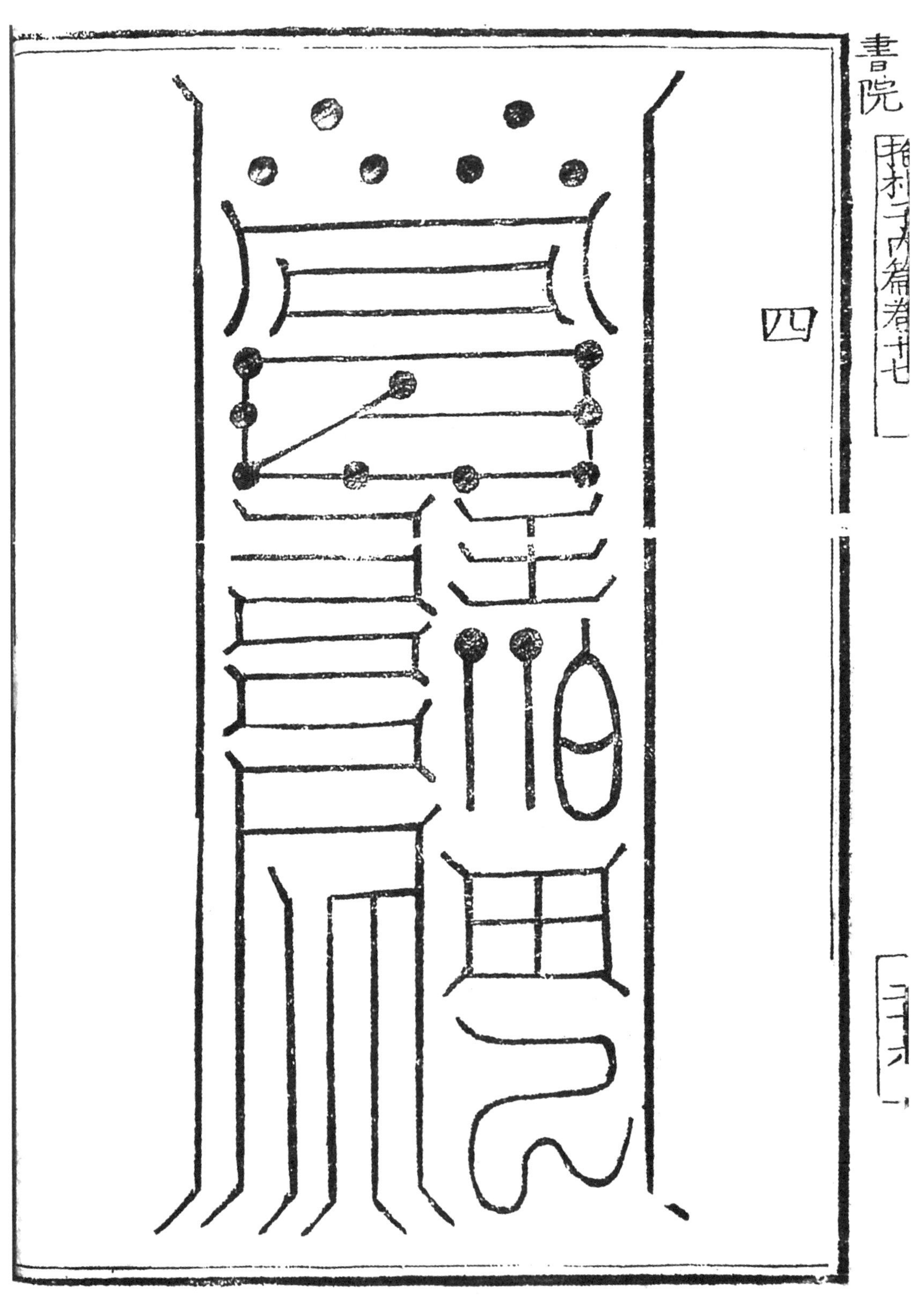

四

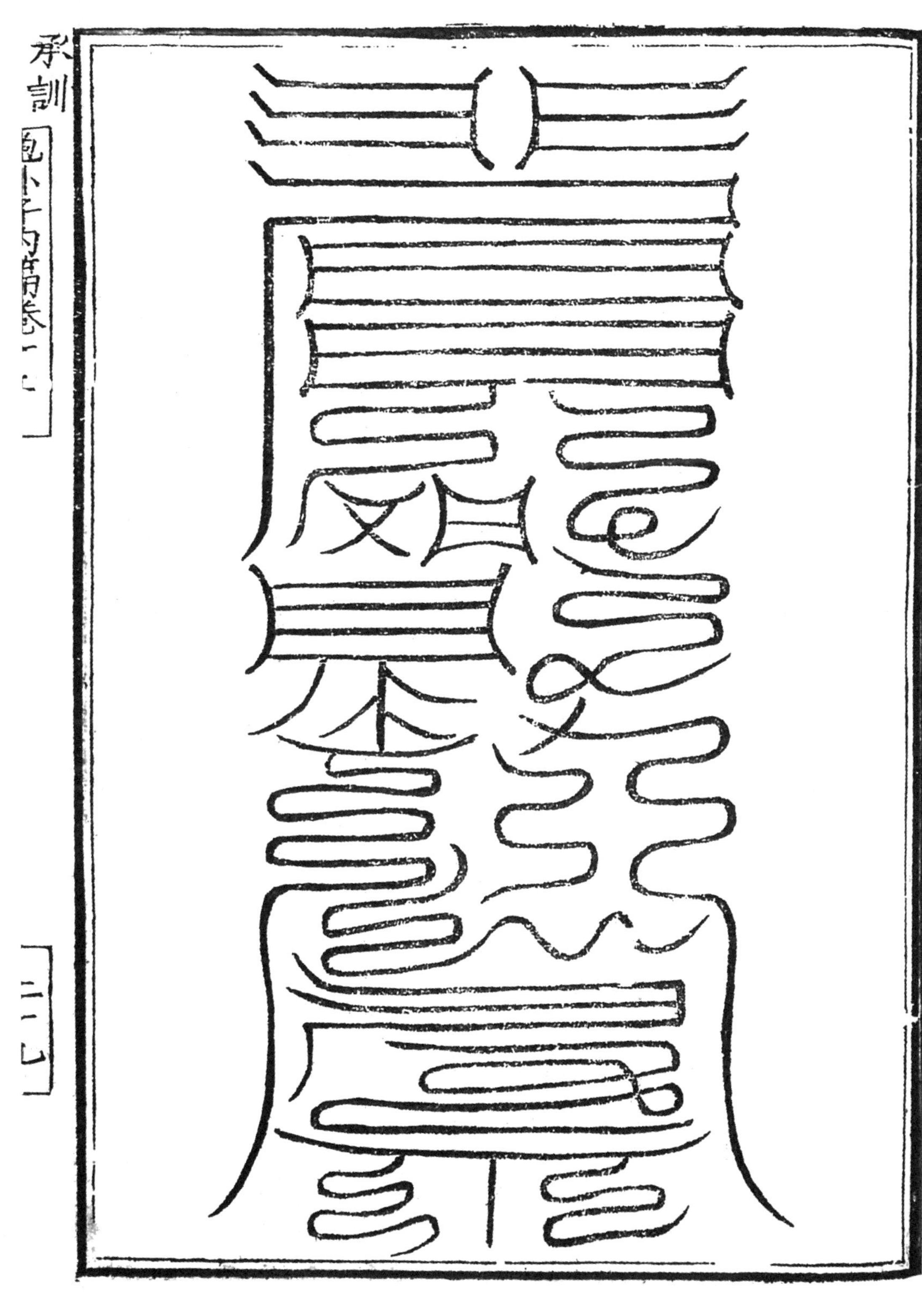
承訓
抱朴子內篇卷十七
二七

此符是老君入山符下說如文又可戸内梁柱皆施之凡人居山林及暫入皆可用之

抱朴子内篇卷十七終

抱朴子内篇卷十八

地眞

晋丹陽葛洪稚川著

抱朴子曰余聞之師云人能知一萬事畢知一者無一之不知也不知一者無一之能知也道起於一其貴無偶各居一處以象天地人故曰三一也天得一以清地得一以寧人得一以生神得一以靈金沉羽浮山峙川流視之不見聽之不聞存之則在忽之則亡向之則吉背之則凶保之則遐祚罔極失之則命

彫氣窮老君曰忽兮恍兮其中有象恍兮忽兮其中
有物一之謂也故仙經曰子欲長生守一當明思一
至飢一與之糧思一至渴一與之漿一有姓字服色
男長九分女長六分或在臍下二寸四分下丹田中
或在心下絳宫金闕中丹田也或在人兩眉間却行
一寸為明堂二寸為洞房三寸為上丹田也此乃是
道家所重世世歃血口傳其姓名耳一能成陰生陽
推步寒暑春得一以發夏得一以長秋得一以收冬
得一以藏其大不可以六合階其小不可以毫芒比

也昔黄帝東到青丘過風山見紫府先生受三皇内文以劾召萬神南到圓隴陰建木觀百令之所登採若乾之華飲丹巒之水西見中黄子受九加之方過洞庭從廣成子受自成之經北到洪隄上具茨見大隗君黄蓋童子受神芝圖還陟王室得神丹金訣記到峨眉山見天真皇人於玉堂請問真一之道皇人曰子既君四海欲復求長生不亦貪乎其相覆不可具說粗舉一隅耳夫長生仙方則唯有金丹守形却遠則獨有真一故古人尤重也仙經曰九轉丹金液

經守一訣皆在崑崙五城之內藏以玉函刻以金札封以紫泥印以中章焉吾聞之於先師曰一在北極大淵之中前有明堂後有絳宮巍巍華蓋金樓穹隆左罡右魁激波揚空玄芝被崖朱草蒙蘢白玉嵯峨日月垂光歷火過水經玄涉黃城闕交錯帷帳琳琅龍虎列衛神人在傍不施不與一安其所不遲不疾一安其失能暇能豫一乃不去守一存眞乃能通神少欲約食一乃留息白刃臨頸思一得生知一不難難在於終守之不失可以無窮陸辟惡獸水卻蛟龍

不畏魍魎挾毒之蟲鬼不敢近刃不敢中此真一之大畧也抱朴子曰吾聞之於師云道術諸經所思存念作可以却惡防身者乃有數千法如含影藏形及守形無生九變十二化二十四生等思見身中諸神而内視令見之法不可勝計亦各有効也然或乃思作數千物以自衛率多煩難足以大勞人意若知守一之道則一切除棄此輩故曰能知一則萬事畢者也受真一口訣皆有明文歃白牲之血以王相之日受之以白絹白銀為約剋金契而分之輕說妄傳其

神不行也人能守一一亦守人所以白刃無所措其銳百害無所容其凶居敗能成在危獨安也若在鬼廟之中山林之下大疫之地塚墓之間虎狼之藪蛇蝮之處守一不怠衆惡遠迸若忽偶忘守一而為百鬼所害或卧而魘者即出中庭視輔星握固守一鬼即去矣若夫陰雨者但止室中向北思見輔星而已若為兵寇所圍無復生地急入六甲陰中伏而守一則五兵不能犯之也能守一者行萬里入軍旅涉大川不須卜日擇時起工移徙入新屋舍皆不復按堪

輿星歷而不避太歲太陰將軍月建煞耗之神年命之忌終不復值殃咎也先賢歷試有驗之道也抱朴子曰玄一之道亦要法也無所不辟與眞一同功吾内篇第一名之為暢玄者正以此也守玄一復易於守眞一眞一有姓字長短服色目玄一但此見之初求之於日中所謂知白守黑欲死不得者也然先當百日潔齋乃可候求得之耳亦不過三四日得之得之守之則不復去矣守玄一幷思其身分為三人三人已見又轉益之可至數十分皆如己身隱之顯之

皆自有口訣此所謂分形之道左君及薊子訓葛仙公所以能一日至數十處及有客座上有一主人與客語門中又有一主人迎客而水側又有一主人投釣賓不能別何者為眞主人也師言守一兼脩明鏡其鏡道則能分形為數十人衣服面貌皆如一也抱朴子曰師言欲長生勤服大藥欲得通神當金水分形形分則自見其身中之三魂七魄而天靈地祇皆可接見山川之神皆可使役也抱朴子曰生可惜也死可畏也然長生養性辟死者亦未有不始於勤而

終成於久視也道成之後略無所為也未成之間無不為也採掘草木之藥劬勞山澤之中煎餌治作皆用筋力登危涉險夙夜不怠非有至志不能久也及欲金丹成而昇天然其大藥物皆用錢直不可卒辦當復由於耕牧商販以索資累年積勤然後可合及於合作之日當復齋潔清淨斷絕人事有諸不易而當復加之以思神守一卻惡衛身常如人君之治國戎將之待敵乃可為得長生之功也以聰明大智任經世濟俗之器而修此事乃可必得耳淺近庸人雖

有志好不能克終矣故一人之身一國之象也胸腹之位猶宮室也四肢之列猶郊境也骨節之分猶百官也神猶君也血猶臣也氣猶民也故知治身則能治國也夫愛其民所以安其國養其氣所以全其身民散則國亡氣竭即身死死者不可生也亡者不可存也是以至人消未起之患治未病之疾醫之於無事之前不追之於既逝之後民難養而易危也氣難清而易濁也故審威德所以保社稷割嗜慾所以固血氣然後真一存焉三七守焉百害却焉年命延矣

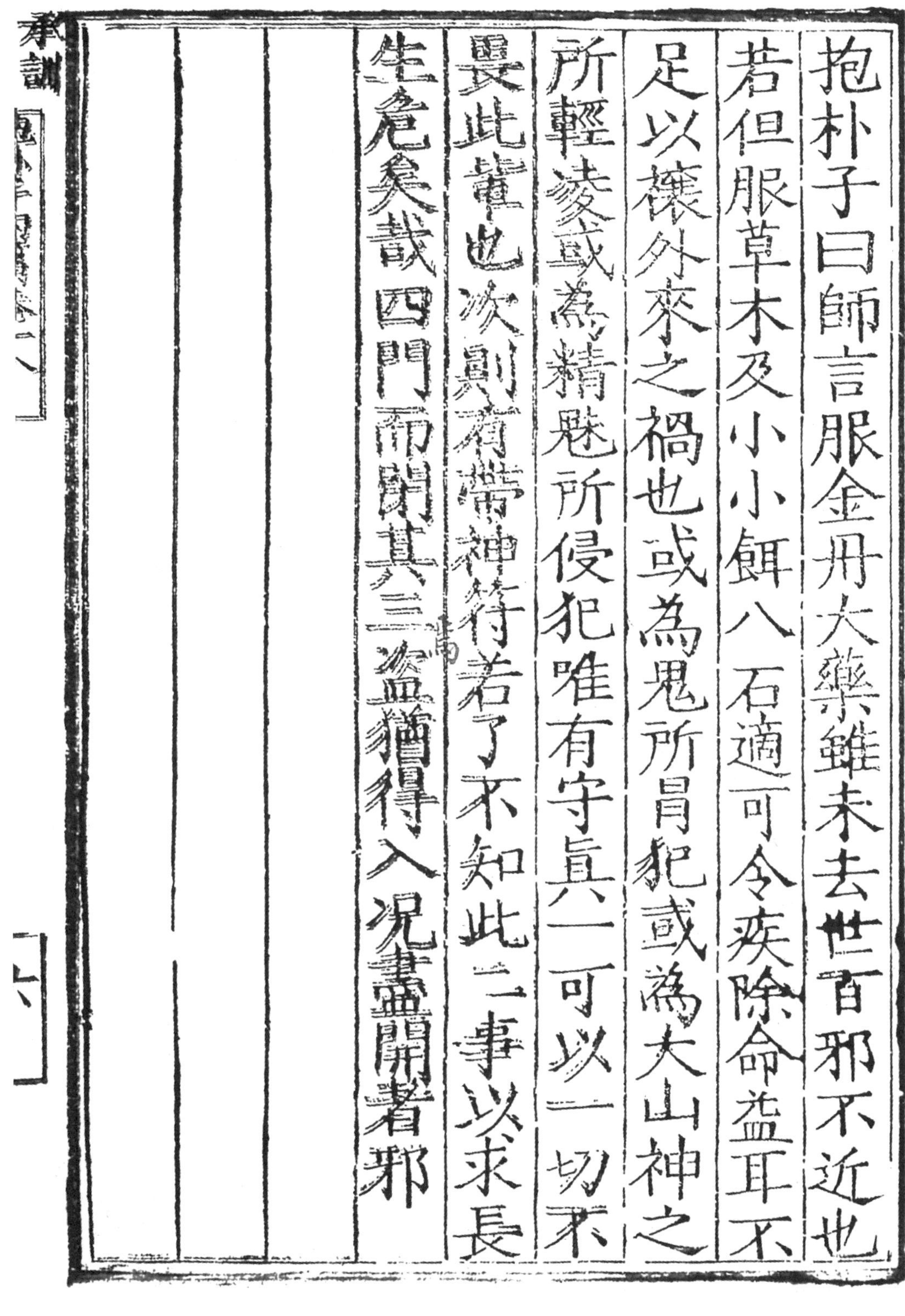

抱朴子曰師言服金丹大藥雖未去世百邪不近也若但服草木及小小餌八石適可令疾除命益耳不足以禳外來之禍也或為鬼所冒犯或為大山神之所輕凌或為精魅所侵犯唯有守真一可以一切不畏此輩也次則有帶神符若了不知此二事以求長生危矣哉四門而閉其三盜猶得入况盡開者邪

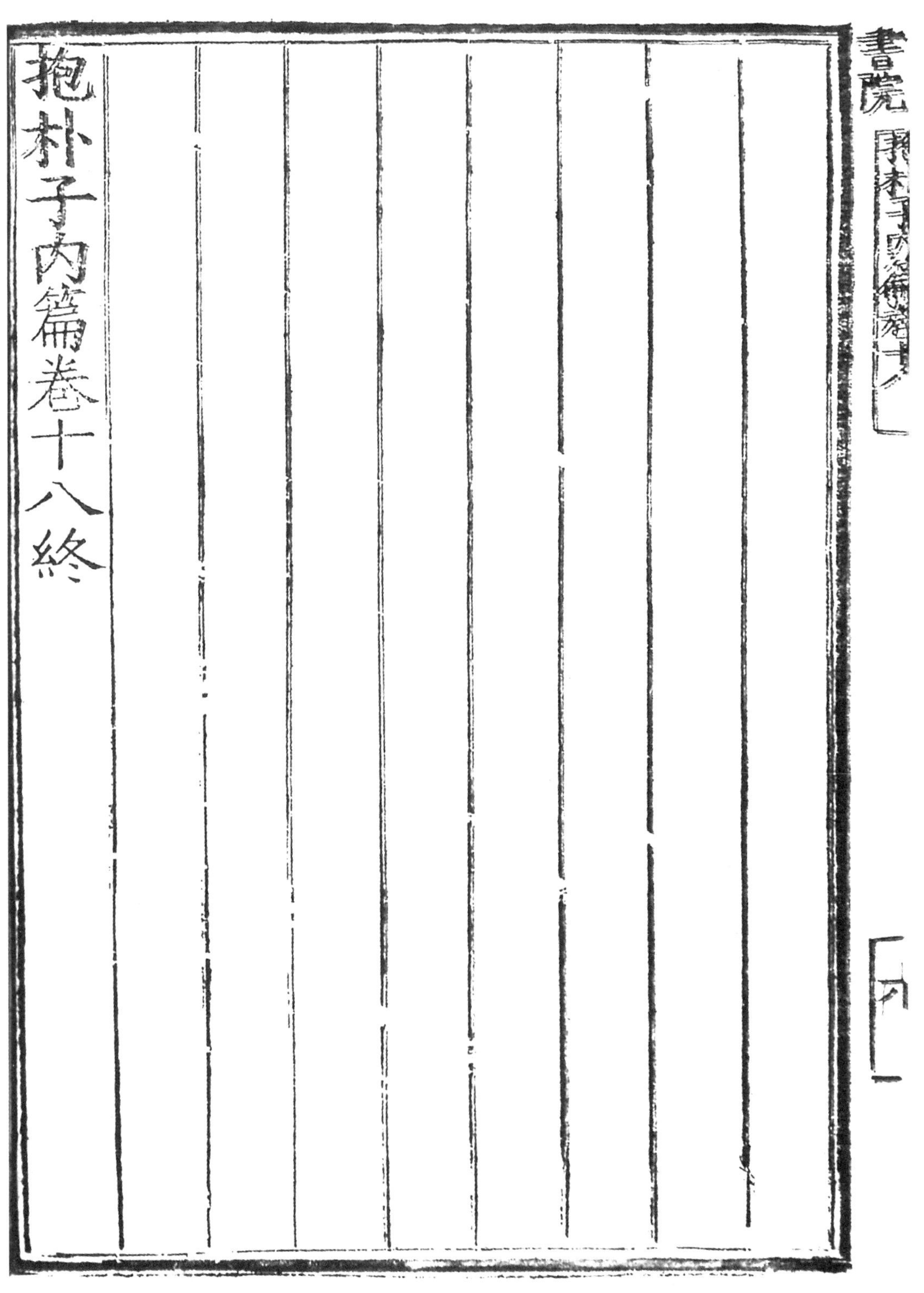

抱朴子内篇卷十八終

抱朴子内篇卷十九

晋丹陽葛洪稚川著

遐覽

或曰鄙人面牆拘繫儒教獨知有五經三史百氏之言及浮華之詩賦無益之短文盡思守此既有年矣既生值多難之運亂靡有定干戈戚揚藝文不貴徒消工夫苦意極思攻微索隱竟不能祿在其中免此壟畝又有損於精思無益於年命二毛告暮素志衰頽正欲反迷以尋生道倉卒罔極無所趍向若涉大

川不知攸濟先生既窮觀墳典又兼綜奇秘不審道書凡有幾卷願告篇目抱朴子曰余亦與子同斯疾者也昔者幸遇明師鄭君但恨子弟不慧不足以鑽至堅極彌高耳于時雖充門人之灑掃既才識短淺又年尚少壯意思不專俗情未盡不能大有所得以為巨恨耳鄭君時年出八十先髮鬢班白數年間又黑顏色豐悅能引強弩射百步步行日數百里飲酒二斗不醉每上山體力輕便登危越險年少追之多所不及飲食與凡人不異不見其絕穀余問先隨之

弟子黄章言鄭君常從豫章還於掘溝浦中連値大風又聞前多劫賊同侶攀留鄭君以須後伴人人皆以糧少鄭君推米以卹諸人已不復食五十日亦不飢又不見其所施為不知以何事也火下細書過少年人性解音律善鼓琴閑坐侍坐數人口答諮問言不輟響而耳並料聽左右操絃者教遣長短無毫釐差過也余晚充鄭君門人請見方書告余曰要道不過尺素上足以度世不用多也然博涉之後遠勝於不見矣既悟人意又可得淺近之術以防初學未成

者諸患也乃先以道家訓教戒書不要者近百卷稍稍示余余亦多所先見先見者頗以其中疑事諮問之鄭君言君有甄事之才可教也然君所知者雖多未精又意在於外學不能專一未中以經深洮遠耳今自當以佳書相示也又許漸得短書縑素所寫者積年之中合集所見當出二百許卷終不可得也他弟子皆親僕使之役採薪耕田唯余尫羸不堪他勞然無以自効常親掃除拂拭牀几磨墨執燭及與鄭君繕寫故書而已見待余同於先進者語余曰雖道

書卷卷有佳事但當校其精粗而擇所施行不事盡諳誦以妨日月而勞意思耳若金丹一成則此輩一切不用也亦或當有所教授宜得本末先從淺始以勸進學者無所希准階由也鄭君亦不肯先令人寫其書皆當訣其意雖久借之然莫有敢盜寫一字者也鄭君本大儒士也晚而好道由以禮記尚書教授不絕其體望高亮風格方整接見之者皆肅然每有諮問常待其溫顏不敢輕銳也書在余處者久或一月足以大有所寫以不敢竊寫者政以鄭君聰憨邂

迨矣之失其意則更以小喪大也然於求受之初復
所不敢為斟酌時有所請耳是以徒知飲河而不得
滿腹然弟子五十餘人唯余見受金丹之經及三皇
內文枕中五行記其餘人乃有不得一觀此書之首
題者矣他書雖不具得皆疏其名今將為子說之後
生好書者可以廣索也道經有三皇內文天文三卷
元文上中下三卷混成經二卷玄錄二卷九生經二
十四生經九仙經靈卜仙經十二化經九變經老君玉
曆真經墨子枕中五行記五卷溫寶經息民經自然

經陰陽經養生書一百五卷太平經五十卷九敬一作都經甲乙經一百七十卷青龍經中黃經太清經通明經按摩經道引經十卷元陽子經玄女經素女經彭祖經陳赦經子都經張虛經天門子經容成經入山經內寶經四規經明鏡經日月臨鏡經五言經柱中經靈寶皇子心經龍蹻經正機經平衡經飛龜振經鹿盧蹻經蹈形記守形圖坐亡圖觀卧引圖含景圖觀天圖木芝圖內芝圖菌芝圖石芝圖大魄雜芝圖五嶽經五卷隱守記東井圖虛元經牽牛中經玉

彌記臘成記六安記鶴鳴記平都記定心記龜文經山陽記玉策記八史圖入室經左右契玉曆經昇天儀九奇經更生經四柙經十卷食日月精經食六氣經丹一經胎息經行氣治病經勝中經十卷百守攝提經丹壹一作臺經岷山經魏伯陽內經日月廚食經步三罡六紀經入軍經六陰玉女經四君要用經金鴈經三十六水經白虎七變經道家地行仙經黃白要經八公黃白經天師神器一作氣經枕中黃白經五卷白子白一作帛變化經移災經厭禍經中黃經文人經

洧子天地人經崔文子肘後一作時侯經神光一作仙占方來經木仙經尸解經中遁經李君包天經包元經黃庭經淵體經太素經華蓋經行廚經微言三卷內視經文始先生經歷藏延年經南闊記協龍子記闊一作闕七卷九宮五卷三五中經宣常經節解經鄒陽子經玄洞經十卷玄示經十卷箕山經十卷鹿臺經小僮經河洛內記七卷舉形道一作通成經五卷道機經五卷見鬼記無極經宮氏經眞人玉胎經道根經候命圖反胎胞經枕中清記幻化經詢化經金華山經鳳

網經召命經保神記鬼谷經淩霄子安神記去丘子黄山公記王子五行要真經小餌經鴻寶經鄒生延命經安魂記皇道經九陰經雜集書録銀函玉匱記金板經黄老仙録原都經玄元經日精經渾成經三尸集呼身神治百病經收山鬼老魅治邪精經三卷入五毒中記休粮經三卷採神藥治作秘法三卷登名山渡江海勑地神法三卷趙太白囊中要五卷人温氣疫病太禁七卷收治百鬼召五岳丞太山主者記三卷興利宫宅官舍法五卷斷虎狼禁山林記召

百里蟲蛇記萬畢高丘先生法三卷王喬養性治身經三卷服食禁忌經立功益筭經道士奪筭律三卷移門子記鬼兵法立亡術練形記五卷鄗公道要用里先生長生集少君道意十卷樊英石壁文三卷思靈經三卷龍首經荊山記孔安仙淵赤斧子大覽七卷董君地仙却老要記李先生口訣肘後二卷凡有不言卷數者皆一卷也其次有諸符則有自來符金光符太玄符三卷通天符五精符石室符玉策符枕中符小童符九靈符六君符玄都符黄帝符少千三

十六將軍符延命神符天水神符四十九眞符天水符青龍符白虎符朱雀符玄武符朱胎符七機符九天符九天發兵符老經符七符大捍厄符玄子符武孝經燕君龍虎三囊辟兵符包元符沇羲符禹蹻符消災符八卦符監乾符雷電符萬畢符八威五勝符威喜符巨勝符採女符玄精符玉曆符北臺符陰陽大鎮符枕中符治百病符十卷厭怪符十卷壺公符二十卷九臺符九卷六甲通靈符十卷六陰行廚龍胎石室三金五木防終符合五百卷軍火召治符玉

斧符十卷此皆大符也其餘小小不可具記抱朴子曰鄭君言符出於老君皆天文也老君能通於神明符皆神明所授今人用之少驗者由於出來歷久傳寫之多誤故也又信心不篤施用之亦不行又譬之於書字則符誤者不但無益將能有害也書字人知之猶尚寫之多誤故諺曰書三寫魚成魯虛成虎此之謂也七與士但以鋸勾長短之間為異耳然今符上字不可讀誤不可覺故莫知其不定也世間又有受體使術用符獨効者亦如人有使麝香便能芳者

自然不可得傳也雖爾必得不誤之符正心用之但當不及眞體使之者速効耳皆自有益也凡為道士求長生志在藥中耳符劍可以却鬼辟邪而已諸大符乃云行用之可以得仙者亦不可專據也昔吳世有介象者能讀符文知誤之與否有人試取治百病雜符及諸厭劾符去其籤題以示象皆一一據名之其有誤者便為人定之自是以來莫有能知者也或問仙藥之大者莫先於金丹既聞命矣敢問符書之屬不審最神乎抱朴子曰余聞鄭君言道書之重者

莫過於三皇文五嶽眞形圖也古人仙官至人尊秘此道非有仙名者不可授也受之四十年一傳傳之歃血而盟委質爲約諸名山五嶽皆有此書但藏之於石室幽隱之地應得道者入山精誠思之則山神自開山令人見之如帛仲理者於山中得之自立壇委絹常畫一本而去也有此書常置清潔之處每有所爲必先白之如奉君父其經曰家有三皇文辟邪惡鬼溫疫氣橫殃飛禍若有困病垂死其信道心至者以此書與持之必不死也其乳婦難艱絕氣者持

之兒即生矣道士欲求長生持此書入山辟虎狼山精五毒百邪皆不敢近人可以涉江海却蛟龍止風波得其法可以變化起功不問地擇日家無殃咎若欲立新宅及冢墓即寫地皇文數十通以布著地明日視之有黃色所著者便於其上起工家必富昌又因他人葬時寫人皇文并書己姓名著紙裏竊內人家中勿令人知之令人無飛禍盜賊也有謀議己者必反自中傷又此文先潔齋百日乃可以召天神司命及太歲日遊五嶽四瀆社廟之神皆見形如人可

問以吉凶安危及病者之禍祟所由也又有十八字以著衣中遠涉江海終無風波之慮也又家有五嶽眞形圖能辟兵凶逆人欲害之者皆還反受其殃道士時有得之者若不能行仁義慈心而不精不正即禍至滅家不可輕也其變化之術大者唯有墨子五行記本有五卷昔劉君安未仙去時鈔取其要以為一卷其法用藥用符乃能令人飛行上下隱淪無方含笑即為婦人蹙面即為老翁踞地即為小兒執杖即成林木種物即生瓜果可食畫地為河撮壤成山

坐致行廚興雲起火無所不作也其次有玉女隱微一卷亦化形為飛禽走獸及金木玉石興雲致雨方百里雪亦如之渡大水不用舟梁分形為千人因風高飛出入無間能吐氣七色坐見八極及地下之物放光萬丈冥室自明亦大術也然當步諸星數十曲折難識少能諳之其淮南鴻寶萬畢皆無及此書者也又有白虎七變法取三月三日所殺白虎頭皮生駝血虎血紫綬履組流萍以三月三日合種之初生草似胡麻有實即取此實種之一生輒一異凡七種

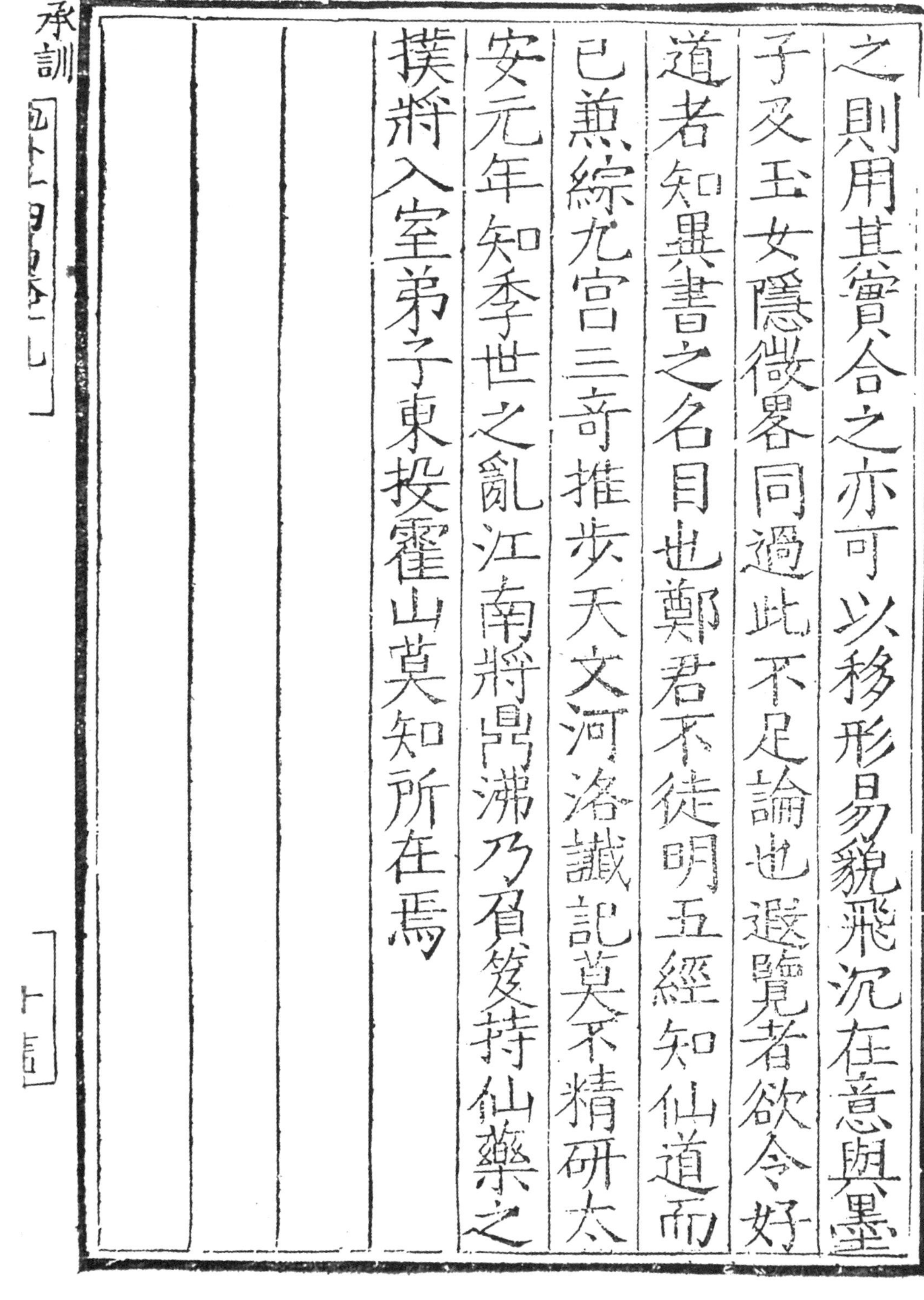

承訓

之則用其實合之亦可以移形易貌飛沉在意與墨子及玉女隱微略同過此不足論也遐覽者欲令好道者知異書之名目也鄭君不徒明五經知仙道而已兼綜九宮三奇推步天文河洛讖記莫不精研太安元年知季世之亂江南將鼎沸乃負笈持仙藥之樸將入室弟子東投霍山莫知所在焉

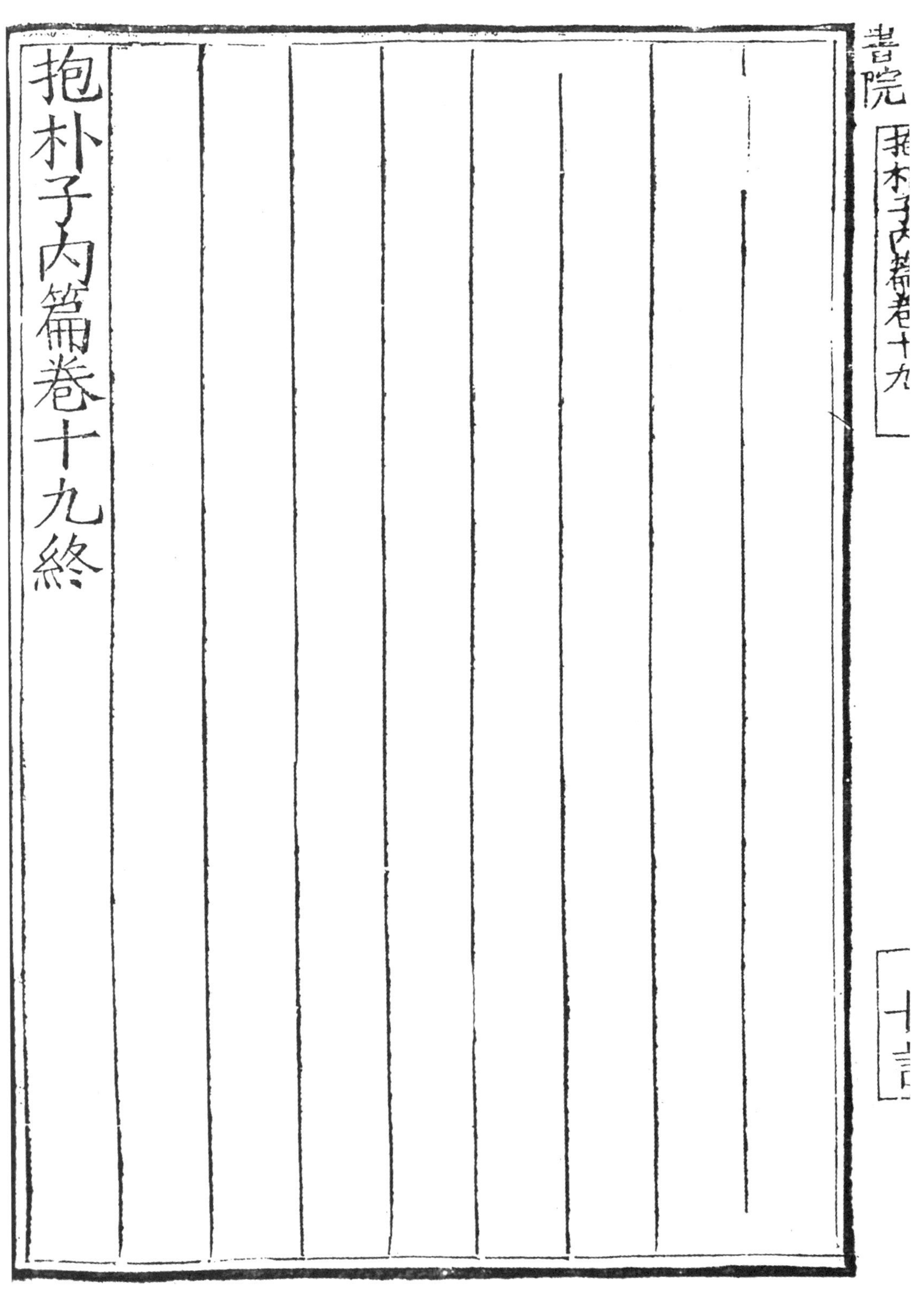

抱朴子內篇卷十九終

抱朴子內篇卷二十

晋丹陽葛洪稚川著

袪惑

抱朴子曰凡探明珠不於合浦之淵不得驪龍之夜光也採美玉不於荆山之岫不得連城之尺璧也承師問道不得其人委去則遲遲冀於有獲守之則終已竟無所成虚費事妨功後雖痛悔亦不及已世間淺近之事猶不可坐知況神仙之事乎雖聖雖明莫由自曉非可以歷思得也非可以觸類求也誠須所承訓

師必深必博猶涉滄海而揵水造長洲而伐木獨以力劣為患豈以物少為憂哉夫虎豹之所餘乃狸鼠之所爭也陶朱之所棄乃原顏之所無也所從學者不得遠識淵潭之門而值孤陋寡聞之者彼所知素狹源短流促倒裝與人則靳靳不息分損以授則淺薄無奇能其所寶宿已不精若復料其粗者以教人亦安能有所成乎譬如假穀於夷齊之門告寒於黔婁之家所得者不過橡栗縕褐必無太牢之饍錦衣狐裘矣或有守事庸師終不覺悟或有幸值知者不

能勤求此失之於不覺不可追者也知人之淺深實復未易古人之難誠有以也白石似玉奸佞似賢者愈自隱蔽有而如無奸人愈自衒沽虛而類實非至明者何以分之彼之守求庸師而不去者非知其無知而故不止也誠以為足事故也見達者而不能奉之者非知其實深而不能請之也誠以為無異也夫能知要道者無欲於物也不徇世譽也亦何肯自摽顯於流俗哉而淺薄之徒率多誇誕自稱說以厲色著聲飭其虛妄足以眩惑晚學而敢為大言乃云

已登名山見仙人倉卒聞之不能清澄撿校之者鮮覺其僞也余昔數見雜散道士輩走貴人之門專令從者作為空名云其已四五百歲矣人適問之年紀佯不聞也含笑俯仰云八九十須臾自言我曾在華陰山斷穀五十年復於嵩山少室四十年復在泰山六十年復與某人在箕山五十年為同人遍說所歷正爾欲令人計合之已數百歲人也於是彼好之家莫不煙起霧合輻輳其門矣又術士或有偶受體自然見鬼神頗能內占知人將來及已過之事而實不

能有禍福之損益也譬如蓍龜耳凡人見其小驗便呼為神人謂之必無所不知不爾者或長於符水禁祝之法治邪有効而未必曉於不死之道也或修行雜術能見鬼怪無益於年命問之以金丹之道則率皆不知也因此細驗之多行欺誑世人以收財利無所不為矣此等與彼穿窬之盜異途而同歸者也夫託之於空言不如著之於行事之有徵也將為晚覺後學說其比故可徵之偽物焉昔有古強者服草木之方又頗行容成玄素之法年八十許尚聰明不大

嬴老時人便謂之為仙人或謂之千載翁者揚州稽使君聞而試迎之於宜都既至而咽鳴掣縮似若所知實遠而未皆吐盡者於是好事者因以聽聲而響集望形而影附雲萃霧合竟守數之饋餉相屬常餘金錢雜綵重之見重於往漢不足加也常服天門冬不廢則知其體中未嘗有金丹大藥也而強曾略涉書記頗識古事自言已四千歲敢為虛言之不怍云已見堯舜禹湯說之皆萬萬如貫也世云堯眉八采不然也直兩眉頭差豎似八字耳堯為人長大美

髭鬚飲酒一日中二斛餘世人因加之云千鍾實不能也我自數見其大醉也雖是聖人然年老治事轉不及少壯時及見去四凶舉元凱賴用舜耳舜是孤煢小家兒耳然有異才隱耕歷山漁于雷澤陶于海濱時人未有能賞其奇者我見之所在以德化民其目又有重瞳子知其大貴之相常勸勉慰勞之善崇高尚莫憂不富貴火德已終黃精將起誕承歷數非子而誰然其父至頑其弟殊惡恒以殺舜為事吾常諫諭曰此兒當與卿門宗四海將受其賜不但卿家

不可取次也俄而受禪常憶吾言之有徵也又云孔子母年十六七時吾相之當生貴子及生仲尼眞異人也長九尺六寸其頭似堯其項似皋陶其眉似子產自腰以下不及禹三寸雖然貧苦孤微然為兒童便好俎豆之事吾知之必當成就及其長大高談驚人遠近從之受學者著録數千人我喜聽其語數往從之但恨我不學不能與之覆疏耳常勸我讀易云此良書也丘竊好之韋編三絶鐵撾（一作擿）三折今乃大悟魯哀公十四年西狩獲麟麟死孔子以問吾吾

語之言此非善祥也孔子乃愴然而泣後得惡夢乃欲得見吾時四月中盛熱不能往尋聞之病七日而沒于今髣髴記其顔色也又云秦始皇將我到彭城引出周時鼎吾告秦始皇言此鼎是神物也有德則自出無道則淪亡君但修己此必自來不可以力致也始皇當時大有怪吾之色而牽之果不得出也乃謝吾曰君固是遠見理人也又說漢高祖項羽皆分明如此事類不可具記時人各共識之以為戲笑然凡人聞之皆信其言又強轉惛耄廢忘事幾稽使君

曾以一玉卮與強後忽語稽曰昔安期先生以此物相遺強後病於壽春黃整家而死整疑其化去一年許試鑿其棺視之其尸宛在矣此皆有名無實使世間不信天下有仙皆坐此輩以偽亂真也成都太守吳文說五原有蔡誕者好道而不得佳師要事廢棄家業但晝夜誦詠黃庭太清中經觀天節詳之屬諸家不急之書口不輟誦謂之道盡於此然竟不知所施用者徒羨其浮華之說而愚人又教之但讀千遍自得其意為此積久家中患苦之坐消衣食而不能

有異已亦慙忿無以自解於是棄家言仙道成矣因走之異界深山中又不曉採掘諸草木藥可以辟穀者但行賣薪以易衣食如是三年飢凍辛苦人或識之而詭不知也久不堪而還家黑瘦而骨立不似人其家問之從何處來竟不得仙邪因欺家云吾未能昇天但為地仙也又初成位卑應給諸仙先達者當以漸遷耳向者為老君牧數頭龍一班龍五色最好是老君常所乘者令吾守視之不勤但與後進諸仙共博戲忽失此龍龍遂不知所在為此罪見責送吾

付崑崙山下芸鋤草三四頃並皆生細而中多荒穢治之勤若不可論法當十年乃得原會偓佺子王喬諸仙來按行吾守請之並為吾作力且自放歸當更自修理求去於是遂老死矣初誕還云從崑崙來諸親故競共問之崑崙何以答云天不問其高幾里要於仰視之去天不過十數丈也上有木禾高四丈九尺其穗盈車有珠玉樹沙棠琅玕碧瑰之樹玉李玉瓜玉桃其實形如世間桃李但為光明洞徹而堅須以玉井水洗之便軟而可食每風起珠玉之樹枝條

花葉互相扣擊自成五音清哀動心吾見謫失志聞此莫不愴然含悲又見崑崙山上一田輒有四百四十門門廣四里內有五城十二樓樓下有青龍白虎蜲蛇長百餘里其中口牙皆如三百斛船大蜂一丈其毒煞象又有神獸名獅子辟邪天鹿焦羊銅頭鐵額長牙鑿齒之屬三十六種盡知其名則天下惡鬼惡獸不敢犯人也其神則有無頭子倒景君翁鹿公中黃先生與六門大夫張陽字子淵俠備玉闕自不帶老君竹使符左右契者不得入也五河皆出山隅

弱水逩之鴻毛不浮飛鳥不過唯仙人乃得越之其
上神鳥神馬幽昌鷦鵬騰黃吉光之輩皆能人語而
不死真濟濟快仙府也恨吾不得善周旋其上耳于
時聞誕此言了了多信之者又河東蒲坂有項曼都
者與一子入山學仙十年而歸家家人問其故曼都曰
在山中三年精思有仙人來迎我共乘龍而昇天良
乆低頭視地窈窈冥冥上未有所至而去地已絕遠
龍行甚疾頭昂尾低令人在其脊上危怖嶮巇及到
天上先過紫府金牀玉几晃晃昱昱真貴處也仙人

但以流霞一盃與我飲之輒不飢渴忽然思家到天帝前謁拜失儀見斥來還令當更自修積乃可得更復矣昔淮南王劉安昇天見上帝而箕坐大言自稱寡人遂見謫守天廚三年吾何人哉河東因號曼都為斥仙人世多此輩種類非一不可不詳也此妄語乃爾而人猶有不覺其虛者況其微茫欺誑頗因事類之象似者而加益之非至明者倉卒安能辨哉乃復有假託作前世有名之道士者如白和者傳言已八千七百歲時出俗間忽然自去不知其在其洛中

有道士已博涉衆事洽鍊術數者以諸疑難諮問和和皆尋聲爲論釋皆無疑碍故爲遠識人但不知其年壽信能近千年不啻耳後忽去不知所在有一人於河北自稱爲白和於是遠近竟往奉事之大得致遺至富而白和子弟聞和再出大喜故往見之乃定非也此人因亡走矣五經四部並已陳之芻狗既往之糟粕所謂迹者足之自出而非足也書者聖人之所作而非聖也而儒者萬里負笈以尋其師况長生之道真人所重可不勤求足問者哉然不可不精簡

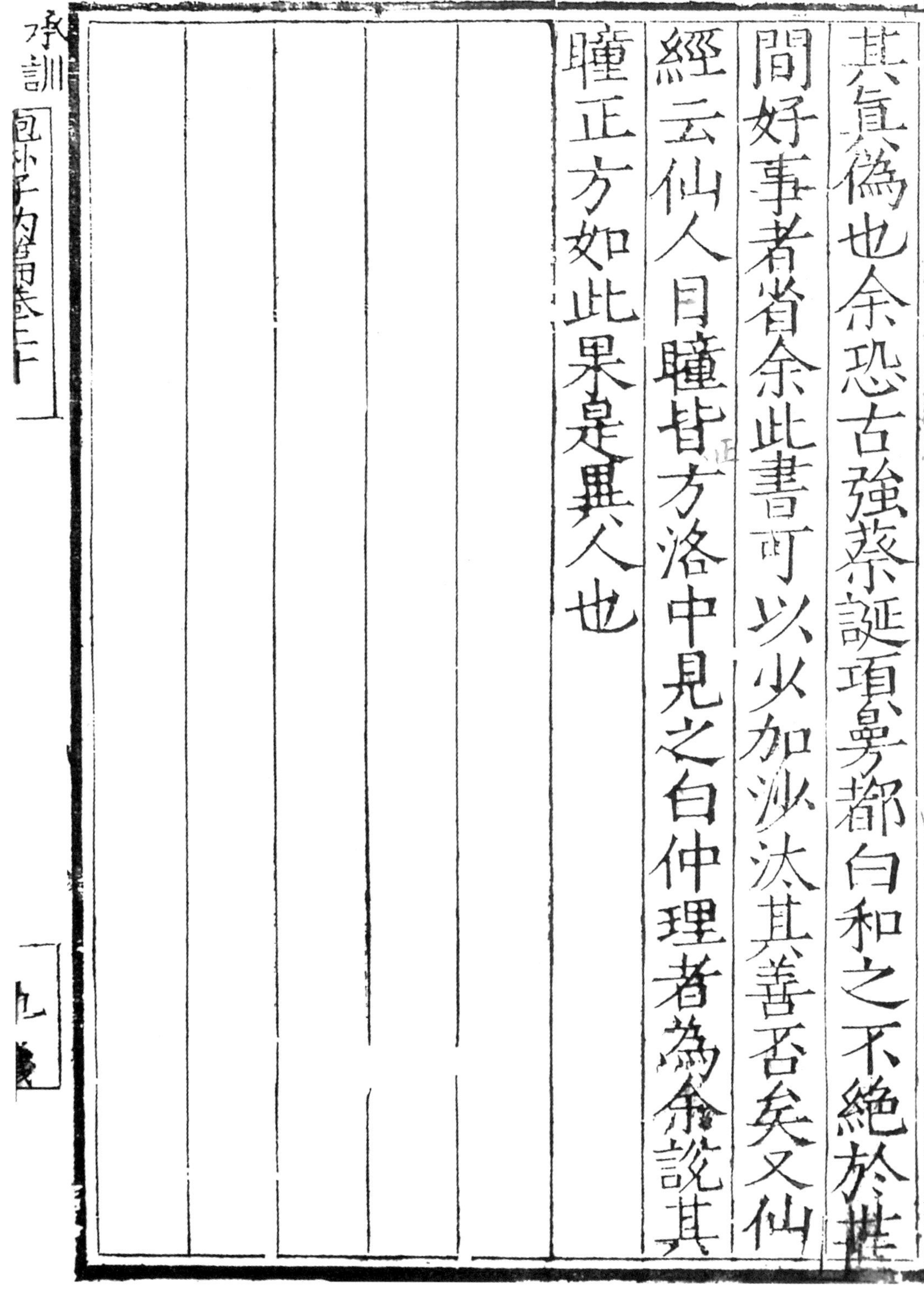

其眞僞也余恐古強蔡誕項曼都白和之不絕於世間好事者省余此書可以必加沙汰其善否矣又仙經云仙人目瞳皆方洛中見之白仲理者爲余說其瞳正方如此果是異人也

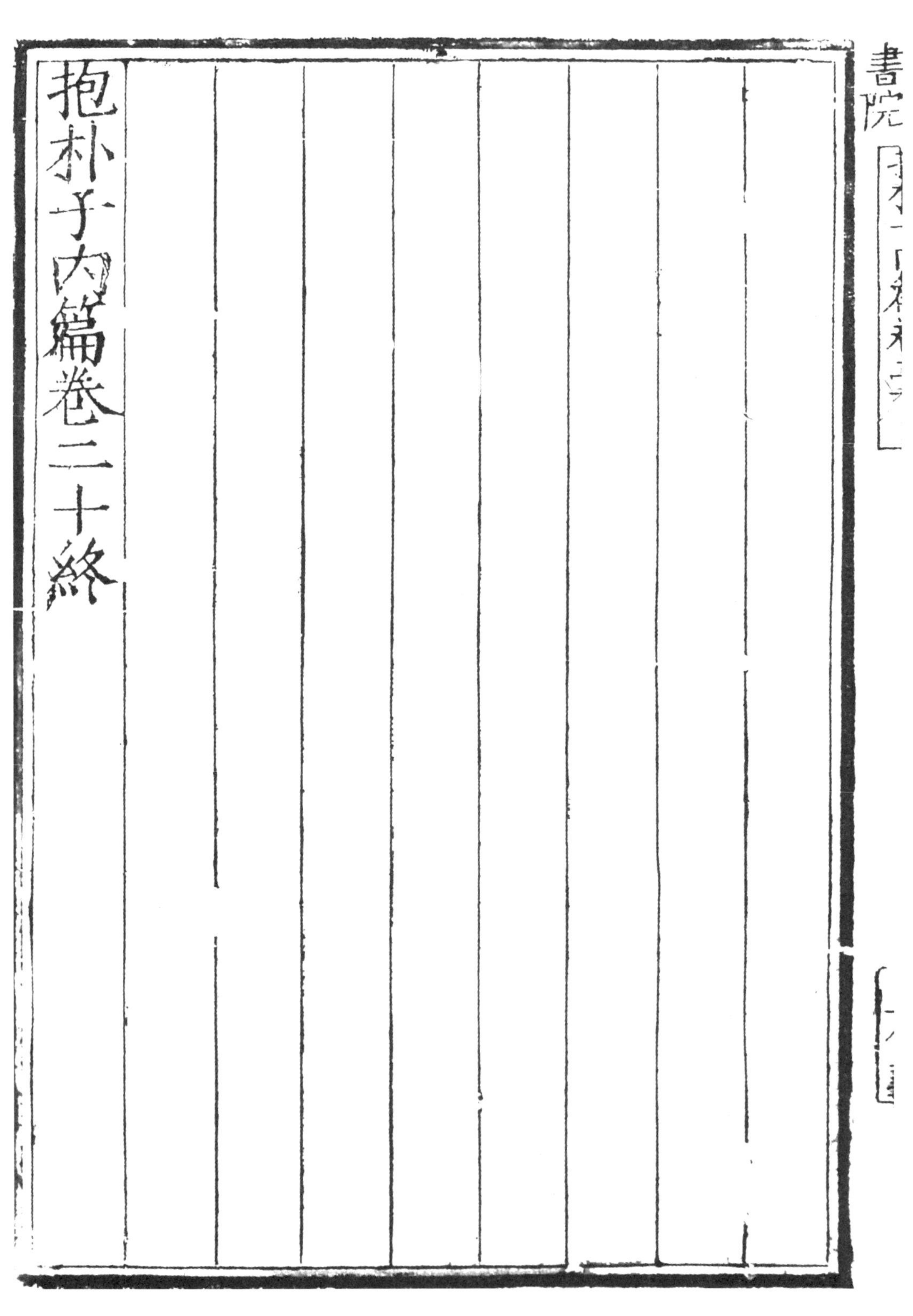
抱朴子内篇卷二十終

抱朴子別旨

晉丹陽葛洪稚川著

夫胎精固神與守元氣同但莫止出入之息可也有常以生氣時以鼻引入口吐吐二分餘一分鼓口咽此氣今喉中鬱然有聲此非胎元氣是服其麤氣也麤氣在腹與元氣不同居也麤氣是喘息之氣也夫元氣雖至少而難散為(非)有麤氣之出入也且呼吸由(猶)不欲自聞況咽有聲乎夫入氣麤則傷肺肺五藏之華蓋氣下先至肺也凡服元氣不隨麤而出入則無

有待氣生死之時也既鼓咽外氣入於元氣藏中所以返傷於人也夫人用力者皆用衆氣也謂衆物之氣飲食之品也且衆氣只能舉重致遠運體而已存之不能益人之壽去之不能使人短折何必禁閉也且用氣之術即麤氣也可以移山嶽決河海制虎豹縛賊盜故知衆氣不及麤氣麤氣可去之元氣不可令出也夫保氣者元氣也非衆麤二氣若服元氣滿藏則麤氣自除即自以麤氣運動不必須衆氣也夫休絕者患其穀氣熏蒸五藏是以絕之今既修氣術

則穀氣自除縱一日九飡亦不能成患終歲不食亦不能羸困則知氣之道遠矣哉

夫導引不在於立名象物粉繪表形著圖但無名狀也或伸屈或俯仰或行卧或倚立或躑躅或徐步或吟或息皆導引也不必每晨為之但覺身有不理則行之皆當閉氣節其氣衝以通也亦不待立息數待氣似極則先以鼻少引入然口吐出也緣氣閉既久則衝喉若不更引而便以口吐則氣一一麤而傷肺矣如此但疾愈則已不可使身汗有汗則受風以搖

動故也凡人導引骨節有聲如不引則聲大聲小則筋緩氣通也夫導引療未患之患通不和之氣動之則百關氣暢閉之則三宮血凝實養生之大律祛疾之玄術矣

抱朴子別旨終